图解版

段青民◎主编

餐厅员工
服务细节培训手册

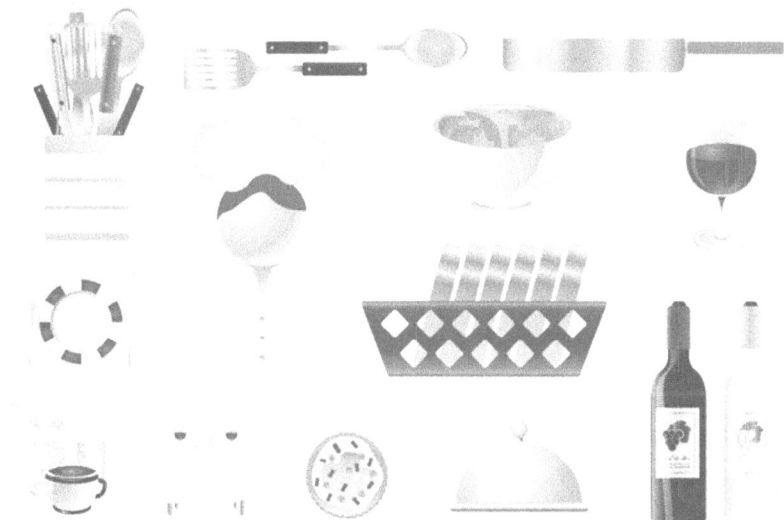

人民邮电出版社
北　京

图书在版编目（CIP）数据

餐厅员工服务细节培训手册：图解版／段青民主编
. 一北京：人民邮电出版社，2012.10
（中经智库餐饮企业成功经营与管理系列）
ISBN 978-7-115-29385-5

Ⅰ. ①餐… Ⅱ. ①段… Ⅲ. ①饮食业－商业服务－职
工培训－手册 Ⅳ. ① F719.3-62

中国版本图书馆CIP数据核字（2012）第210467号

内 容 提 要

这是一本实用的餐厅员工服务培训工具书，主要通过实景图片和具体操作规范，帮助餐饮企业开展员工服务细节培训工作。本书包括餐厅员工岗位职责与工作流程、餐厅员工服务礼仪规范、餐厅服务流程细则、餐厅菜品销售技能等七大板块，案例生动，可读性强。

本书适合餐饮企业经营者、餐饮服务培训人员和餐厅服务人员阅读、使用。

◆ 主　编　段青民
　　责任编辑　刘　盈
　　责任印制　彭志环

◆ 人民邮电出版社出版发行　　北京市丰台区成寿寺路11号
　　邮编　100164　电子邮件　315@ptpress.com.cn
　　网址　https://www.ptpress.com.cn
　　北京七彩京通数码快印有限公司印刷

◆ 开本：700×1000　1/16
　　印张：13.5　　　　　　　　　2012年10月第1版
　　字数：263千字　　　　　　　2025年8月北京第69次印刷

定　价：35.00元

读者服务热线：(010) 81055656　印装质量热线：(010) 81055316
反盗版热线：(010) 81055315

前　言

打造舌尖上的生意

目前，中央电视台拍摄的美食纪录片《舌尖上的中国》备受关注，片中记录了中国大江南北的美食风味，让观众接受了一次中国饮食文化的洗礼，在时下的中国掀起了一股"美食浪潮"。

2012年5月，在中国餐饮发展国际研讨会上，商务部副部长姜增伟指出："中国餐饮业销售额连续保持两位数增长，预计2015年中国餐饮业销售总额将达到3.7万亿元，占预期社会消费品零售总额30万亿元的十分之一强。"

近年来，餐饮市场非常火爆。从2008年至2012年，餐饮企业的营业总额逐年递增，特别是中小餐饮企业更为显著。金融危机以来，餐饮行业依旧保持着强劲的上升势头。这也符合马斯洛的需求层次理论，即在人类层次性需求的金字塔中，饮食需求处于需求的最低层，是人类最原始、最基本的需要。因此，大众化餐饮市场必定是一个长期存在并且不断发展的巨大市场。

餐饮业被誉为"永不落幕的朝阳行业"，可以说"遍地是黄金"。当然创业者想要获得成功，仍然需要冷静的思考和不懈的努力，只有这样才能顺应时代潮流，抢占市场先机，轻松地从餐饮行业中挖掘财富！

然而，经营好一家餐饮企业并非易事。管理者需从细微处入手，做好选址、服务、菜品、成本、顾客、卫生、安全等一系列工作。基于此，我们针对目前的市场状况，凭借多年的服务和培训经验，从餐饮企业、餐饮管理人员最关注的几个方面入手编写了"中经智库餐饮企业成功经营与管理系列"图书：《餐厅员工服务细节培训手册（图解版）》、《餐饮企业采购控制手册（图解版）》、《餐饮企业成本控制手册（图解版）》、《餐饮企业365天促销手册（图解版）》，力图为餐饮业的经营者和从业人员提供全方位的指导和参考。

《餐厅员工服务细节培训手册（图解版）》主要包括餐厅员工岗位职责与工作流程、餐厅服务礼仪规范、餐饮服务基础知识、餐厅服务流程细则、餐厅菜品销售技能、餐厅员工优质服务、餐厅服务常用英语七大板块，对餐厅员工服务细节进行了细致的讲解和分析。

《餐饮企业采购控制手册（图解版）》主要涵盖餐饮企业采购部门管理、餐饮企业常见采购模式、餐饮企业食品原料采购、餐饮企业酒水采购、餐饮企业其他物资采购、餐饮企业采购谈判管理、餐饮企业供应商管理、餐饮企业采购安全控制、餐饮企业验收作业控制、餐饮企业库存作业控制十个方面的内容，对餐饮企业采购工作进行了全方位的解读。

《餐饮企业成本控制手册（图解版）》对餐饮业成本核算、菜品生产前过程成本控制、科学菜单降低成本、厨房生产过程控制、销售环节成本控制共五个方面的内容进行了详实的解析。

《餐饮企业365天促销手册（图解版）》从餐饮企业广告促销、餐饮企业网络促销、餐饮企业店内促销、餐饮企业假日促销、餐饮企业促销评估五个角度全面解析了餐饮企业的促销工作。

本系列图书在编写整理的过程中，获得了多家餐饮企业和餐饮一线从业人员的帮助与支持，其中参与编写和提供资料的有杨正福、许先锋、许华、谢毅、吴少君、韦厚娟、王红、张众宽、马丽萍、刘俊辉、李永江、郭华伟、段丽荣、崔长福、陈文信、吴燕、何继文、苏毅、刘军、陈朴、韩军、黄晶、卢媛媛、张野、段水华、陈英飞、江长勇，全书由段青民统稿、审核完成。同时本书还吸收了国内外有关专家、学者的最新研究成果，在此对他们一并表示感谢。

由于编者水平有限，加之时间仓促，书中难免存在疏漏与缺憾，敬请读者批评指正。

目　录

第一章　餐厅员工岗位职责与工作流程

餐厅员工主要包括楼面经理、楼面主管、领班、迎宾员、传菜员、酒水员、收银员和保洁员等，不同岗位的工作人员有着不同的职责，每位员工都要牢记自己的岗位职责及工作流程，为顾客提供最好的服务。

第二章　餐厅服务礼仪规范

服务礼仪是指员工在工作岗位上通过语言、行为等，对客人表示尊重的规范。规范的服务礼仪，不仅可以帮助餐厅和员工树立良好的形象，还能使员工获得客人的理解、好感与信任。因为，让员工学习和运用服务礼仪，不仅是树立自身形象的需要，更是提高企业社会效益、提升自身竞争力的需要。

第三章　餐饮服务基础知识

　　服务员在为客人服务的过程中，会用到各种相关的知识，因此，餐厅服务人员必须牢记餐饮服务特征，了解不同类型客人的特点，熟悉中西菜系的基础知识，掌握常用的酒水知识。

第四章　餐厅服务流程细则

　　餐厅统一、规范的服务流程，可以限制员工服务的主观随意性，并为主管监督提供依据。在服务工作中，餐厅服务人员必须根据正确的流程与操作程序，按照合理的步骤为客人提供服务，从而让客人满意，并赢得客人的信赖。

第五章 餐厅菜品销售技能

菜品推销是餐饮服务工作中的重要环节，因此服务人员应具备一定的菜品推销技能。服务人员应当根据不同客人的心理，介绍不同的菜点，并实事求是、有针对性地推介菜品，满足客人的不同需求。

第六章　餐厅员工优质服务

对于优质服务，每家餐厅都有自己的理解，如微笑服务、周到服务、超值服务等。但是，优质服务的最基本要求就是最大程度地满足客人需求，即正确预见并充分满足。

第七章　餐厅服务常用英语

服务人员要学会使用餐厅常用英语，以便更好地为来自不同国家和地区的客人服务。

第一章

餐厅员工岗位职责与工作流程

餐厅员工主要包括楼面经理、楼面主管、领班、迎宾员、传菜员、酒水员、收银员和保洁员等，不同岗位的工作人员有着不同的职责，每位员工都要牢记自己的岗位职责及工作流程，为顾客提供最好的服务。

第一节　管理层员工岗位职责与工作流程

一、楼面经理岗位职责与工作流程

（一）岗位职责

楼面经理的岗位职责，如表1–1所示。

表1–1　楼面经理岗位职责

岗位名称	楼面经理
具体职责	（1）检查部门员工的出勤状况、楼面环境、餐具、用具清洁情况和楼面设备运转状况 （2）检查员工的服务水平是否达到相关标准，加强对新员工的"传、帮、带" （3）营业中负责现场巡台与控场，及时发现和解决服务过程中出现的问题 （4）妥善处理客人异议及投诉，负责重要客人、宴席的接待与安排工作 （5）审核、指导岗前培训计划及内容，定期做好在岗理论和实操技能的培训工作，组织员工学习服务技巧 （6）针对新菜品、推荐菜品、特价菜品进行重点培训，检查推销工作 （7）熟知员工档案，并进行分类整理，及时与员工沟通 （8）掌握和控制物品（餐具、易耗品）的使用情况，减少费用开支与物品损耗

（二）工作流程

餐厅楼面经理的每日工作流程，可分为营业前、营业中、营业后三个阶段，如图1–1所示。

```
┌──────────┐      ┌──────────┐      ┌──────────┐
│    ①     │ ───▶ │    ②     │ ───▶ │    ③     │
│  营业前   │      │  营业中   │      │  营业后   │
└──────────┘      └──────────┘      └──────────┘
```

営业前① →
○检查餐厅空调温度、光照度是否适中，灯泡是否可以正常使用，餐厅内所有装饰品是否摆正
○检查客用卫生间是否干净整齐，有无异味
○与厨房确认订席情况，了解存货情况
○检查菜单是否完整干净，服务台物品是否齐备
○检查餐厅服务员的出勤情况，仪容仪表是否符合要求，公布客人预订情况，分配各领班的责任区域
○公布当日特别菜、饮料以及正在举行或即将举行的促销活动

楼面经理在营业前，检查服务台物品是否齐备。

楼面经理在营业前，检查餐厅墙面装饰物是否摆正。

营业中② →
○为客人提供有关食品、饮料的信息
○随时注意餐厅内的动态，随时掌握座位情况
○处理客人抱怨，妥善处理难缠客人的投诉
○与厨房保持密切联系，保证菜肴质量及出菜速度
○当客人或服务员发生意外时，立即采取处理措施

营业后③ →
○检查餐厅内的电器是否已关掉或放在安全妥当的位置
○检查所有电灯是否关掉，橱柜、房门是否锁好
○填写营业日志（包括营业额、客人抱怨等特殊情况）
○查看第二天的预订情况，了解是否有需要特别注意的事项

图1-1　楼面经理每日工作流程

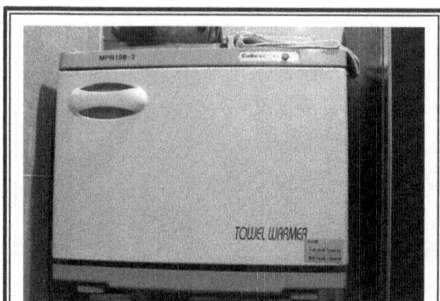

| 楼面经理在营业后，检查橱柜是否锁好。 | 楼面经理在营业后，检查电器是否放在安全妥当的位置。 |

二、楼面主管岗位职责与工作流程

（一）岗位职责

楼面主管的岗位职责，如表1-2所示。

表1-2　楼面主管岗位职责

岗位名称	楼面主管
岗位职责	（1）编制每日早、中、晚班人员的名单，做好各领班考勤记录 （2）每日营业前检查服务员仪容、仪表 （3）了解用餐人数及其要求，合理安排服务员的工作 （4）随时注意餐厅就餐人员动态和服务情况，并进行现场指挥 （5）加强与客人沟通，了解客人对饭菜的意见，妥善处理客人的投诉，并及时向楼面经理反映 （6）定期检查设备设施，清点餐具，遇到问题及时向楼面经理汇报 （7）注意服务员的表现，随时纠正其失误、偏差，并做好工作记录 （8）组织领班、服务员参加各种培训、竞赛活动

（二）工作流程

餐厅楼面主管的每日工作流程，可分为营业前、营业中、营业后三个阶段，如图1-2所示。

① 营业前	→	② 营业中	→	③ 营业后

营业前①

○检查员工仪容仪表是否符合要求
○检查招牌灯及灯箱、电梯、空调是否按规定开启
○检查门口POP招贴画的摆放、张贴是否符合规定
○检查书刊、报纸的更新频率及摆放位置是否合适，餐厅桌椅是否摆放整齐
○检查餐台号牌摆放是否正确、齐全，备餐柜里的餐具是否擦拭干净
○检查台面的相关物品是否摆放整齐，刀叉等是否按标准摆放
○检查地面、沙发、椅套是否干净
○检查餐厅内的绿色植物是否保养妥当
○检查员工是否了解当日急推和沽清菜品

楼面主管在营业前，检查台面相关物品是否摆放整齐，刀叉等是否按标准摆放。

楼面主管在营业前，检查备餐柜里的餐具是否擦拭干净。

营业中②

○热情接待客人，提醒客人看管好自己的财物
○迅速将客人所点菜品的单据传递到相关部门，根据菜单预先为客人准备餐具和器皿
○当客人招呼时要迅速到达桌旁，提供服务
○检查服务员所开菜单是否有错漏
○及时处理客人投诉
○随时跟单，负责相关事务，如催菜、加菜、结账等
○客人走后，及时清台、翻台

営业后③
○检查餐厅地面是否打扫干净
○检查垃圾桶（筒）是否清理完毕
○检查餐桌台面是否收拾干净，电源是否正确关闭
○检查书柜、报纸架是否整理好

楼面主管在营业后，检查餐厅地面是否打扫干净。

楼面主管在营业后，检查电源是否正确关闭。

图1-2　楼面主管每日工作流程

三、传菜领班岗位职责与工作流程

（一）岗位职责

传菜领班的岗位职责，如表1-3所示。

表1-3　传菜领班岗位职责

岗位名称	传菜领班
岗位职责	（1）上岗前自检仪容仪表，准时参加班前会，检查所属传菜员的仪容仪表和出勤状况，分配当日工作事项 （2）查看工作日志，确认是否有未完成的工作或上级的通知，并逐项落实 （3）接到菜单后要及时归口分单，配上相应木夹，发现菜单上有特殊要求要及时与厨房沟通，并向传菜员交代清楚

岗位名称	传菜领班
岗位职责	（4）调节出菜速度，及时将沽清菜品通知点菜人员，如果顾客临时取消菜品应及时通知厨房停止制作，对单上菜，与楼面做好沟通 （5）检查菜肴是否符合质量要求，如有问题及时询问厨师长，并立即做出处理 （6）保持与楼面的联系，了解出菜速度是否符合客人要求 （7）负责管理和合理使用各种所辖物品，并对其进行清洗保洁 （8）准时参加早会，反馈菜肴出品情况

（二）工作流程

传菜领班的每日工作流程，可分为营业前、营业中、营业后三个阶段，如图1-3所示。

①
营业前
→
②
营业中
→
③
营业后

营业前① →
○对所辖区域的卫生情况进行巡视检查，查看垃圾桶是否整洁
○检查餐厅设备设施是否运转正常，有无损坏现象
○与其他领班沟通协调，解决餐具准备问题，检查各种调料品和公用刀、叉、勺及菜盖、托盘等用具是否齐全
○与后厨等有关部门沟通协调准备工作
○检查标牌及各种备品是否齐全、整洁
○检查员工站位情况，确认是否符合标准

营业中② →
○检查员工站位情况，协助楼面主管引领重要客人就座
○负责厨房划菜工作，控制上菜速度及菜品质量，与楼面主管和厨房保持密切联系
○掌握客人就餐及其座位情况
○当客人或传菜员发生意外时，要马上采取应对措施
○检查、督导传菜员传递菜品和交接菜品等情况
○随时注意餐厅内动态，如客人有不满或投诉，要及时协助楼面主管妥善解决

○检查收市工作是否按标准执行，是否将器皿与菜品分离撤下

○督促传菜员收回各种用具，进行清洁等收尾工作

○检查工作中是否存在不安全隐患，餐厅内电器用品设备是否已关闭或已摆放在适当位置

○查看第二天的订餐情况，了解是否有特别需要注意的事项

○离开餐厅之前再次巡视检查

图1-3　传菜领班的每日工作流程

四、点菜领班岗位职责与工作流程

（一）岗位职责

点菜领班的岗位职责，如表1-4所示。

表1-4　点菜领班岗位职责

岗位名称	点菜领班
岗位职责	（1）检查开餐前的准备工作，确保备料、备具充分 （2）检查员工个人卫生情况，确保点菜组的卫生达到质量标准 （3）检查零点菜单、宴会菜单，坚决将质量不符合要求的菜肴退回重做 （4）负责本组员工调配，配合其他组的工作，保证配菜、出菜工作能够准、快且有序运转 （5）检查每一道菜的出品质量，保证色、香、味、形、器、质均符合要求 （6）检查每天岗中卫生情况，做好收尾工作，并将重大事情上报厨师长 （7）根据一天的工作任务情况，开出合理领料单，交厨师长审核 （8）完成上级安排的其他工作

（二）工作流程

点菜领班的每日工作流程，可分为营业前、营业中、营业后三个阶段，如图1-4所示。

① 营业前	→	② 营业中	→	③ 营业后

营业前① ➤
○安排当日点菜组的日常工作，协调好与其他组的工作
○检查开餐前准备工作，确保备料、备具充足
○检查本组员工的个人卫生情况

营业中② ➤
○检查原料切配、菜肴出品质量，坚决将质量不符合要求的菜肴退回重做
○对本组员工进行调配，配合好其他组的工作，保证配菜、出菜工作能够准、快且有序运转
○检查每一道菜的出品质量，提供令顾客满意的菜品

点菜领班在营业前，检查各种用具是否准备齐全，摆放整齐。

点菜领班在营业前，检查标牌及各种备品是否齐全、整洁。

营业后③ ➤
○做好收尾工作，将当天重大事项报告厨师长
○对点菜组负责的所有物品进行清点

图1-4 点菜领班每日工作流程

五、收银领班岗位职责与工作流程

（一）岗位职责

收银领班的岗位职责，如表1-5所示。

表1-5　收银领班岗位职责

岗位名称	收银领班
岗位职责	（1）检查收银员是否准时到岗，是否做好每日收款准备工作 （2）建立收银员个人档案，并将其工作表现记录下来，每月进行评估，奖勤罚懒 （3）不定期检查收银员的备用金，并将抽查结果记录下来，月底汇总时作为评估的参考 （4）合理安排员工上下班时间和班次，以便在缺人的情况下灵活协调 （5）对收银员开展培训工作，针对在平时工作中出现的问题及其处理方法和餐厅收银工作程序等进行详细讲评，并定期检查和考核 （6）与餐厅保持密切联系，针对存在的问题进行整改 （7）每日检查稽核交班记录并签署意见，督促处理未完事项，遇有问题及时向领导汇报 （8）不断完善现行的收银、稽核制度

（二）工作流程

收银领班的每日工作流程，可分为营业前、营业中、营业后三个阶段，如图1-5所示。

```
┌─────────┐      ┌─────────┐      ┌─────────┐
│    ①    │      │    ②    │      │    ③    │
│  营业前  │ ───→ │  营业中  │ ───→ │  营业后  │
└─────────┘      └─────────┘      └─────────┘
```

> 营业前① ○安排收银员的班次与工作
> 　　　　　○检查收银员的出勤情况、仪表仪容和日常工作准备情况

收银员在收银前，做好收银台区域的
卫生清洁工作。

收银员在营业前，准备好开餐时所需
的收银纸、发票、单据。

营业中②

○查看餐厅营收情况，翻看原始单据，检查有无漏单现象
○查看应收报表，收取挂账单，检查签单金额是否与应收报表相符，挂账单上是否有签单单位名称并由有效签单人签字
○与餐厅出纳核对应收款到账情况，及时结清已到账单位款项；列出未到账单位名称，与对方单位取得联系并发出催款通知
○列出长达三个月未到账单位的名称，说明未到账情况，及时上报楼面经理
○随时更改餐厅菜单牌价

营业后③

○审核折扣账单、宴请账单、挂账账单，审核账单总金额是否与报表相符，并查明原因
○维护与保养餐厅收款机、税务发票机、POS机、电脑打印机等
○检查员工工作餐签单和宴请签单，对不应计入成本费用的签单转入应收款，并及时追收

图1-5 收银领班每日工作流程

第二节 基层员工岗位职责与工作流程

一、迎宾员岗位职责与工作流程

（一）岗位职责

迎宾员的岗位职责，如表1-6所示。

表1-6 迎宾员岗位职责

岗位名称	迎宾员
岗位职责	（1）热情迎客，主动询问客人人数，在客人离开餐厅时微笑道别 （2）及时将客人带到餐桌旁，征求客人对餐位的意见。当餐厅满座时，耐心向客人解释，并为客人办好登记候位手续 （3）为客人开关车门，下雨时为客人撑伞，并分发伞套给客人 （4）为客人指路，认真回答客人询问，尽量满足客人合理的要求 （5）尽可能记住常客的姓名、习惯和喜好 （6）配合保安员保证餐厅门前的交通畅通，做好门前安全保卫工作 （7）妥善保管客人遗留物品，拾到贵重物品时应立即上交给楼面主管

（二）工作流程

迎宾员每日的工作流程，可分为营业前、营业中、营业后三个阶段，如图1-6所示。

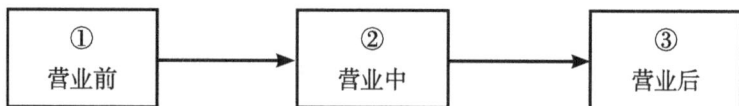

```
┌──────────┐      ┌──────────┐      ┌──────────┐
│    ①     │      │    ②     │      │    ③     │
│  营业前   │─────▶│  营业中   │─────▶│  营业后   │
└──────────┘      └──────────┘      └──────────┘
```

营业前①

○准备好预订簿、留座卡、餐区广告牌和告示牌

○参加班前会议

○清洁迎宾区域，包括迎宾台、大门广告牌和指示牌

营业中②

○客人到达时，迎宾员应面带微笑迎上前，向客人行鞠躬礼，向客人问好和表示欢迎

○询问客人是否有预订，对所有有预订客人均须核对预订资料，对已抵达客人则需注明，并询问客人人数

○如果客人用散餐，则根据客人人数拿取对应数量的餐具

○协助服务员帮客人入座，同时询问客人的就餐方式

○餐厅满座时，要向客人说明情况和提出建议

○客人离开时应感谢客人的光临，祝客人愉快并道别

迎宾员在营业前，清洁大门广告牌。

迎宾员在客人到达时，应向客人问好并表示欢迎。

营业后③

○检查所在区域的卫生情况

○收回门外宣传告示栏或其他物品

图1-6 迎宾员每日的工作流程

迎宾员在营业结束后，要收回门外摆放的广告牌。

二、传菜员岗位职责与工作流程

（一）岗位职责

传菜员的岗位职责，如表1-7所示。

表1-7　传菜员岗位职责

岗位名称	传菜员
岗位职责	（1）自检仪容仪表，确保符合规范，参加班前会，听取备餐工作及工作要点 （2）服从上级领导的工作安排，做好物料保存、保洁工作，避免无谓损耗，力求降低成本 （3）负责开餐前的传菜准备工作，协助服务员布置场地和餐桌、摆台及补充各种物品 （4）负责从厨房将菜品准确及时地传送到餐桌 （5）熟练掌握菜品质量标准，严格把好质量关，有权拒绝传送不符合质量标准的菜品 （6）与楼层员工和厨房员工保持良好的关系 （8）值班传菜员负责整理清洁各楼层洗涤间的卫生 （9）负责传菜用具及相关物品、金银器的清洁与整理工作，按照规定要求摆放 （10）积极参加各种培训，提高服务水平，完成上级交办的其他工作

（二）工作流程

传菜员的每日工作流程，可分为营业前、营业中、营业后三个阶段，如图1-7所示。

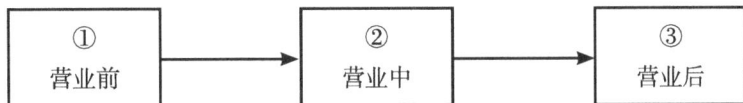

```
①          →    ②          →    ③
营业前           营业中            营业后
```

营业前① ⇒
○按时到岗、打卡，整理仪容仪表
○准时参加班前例会，听从传菜组长分配任务
○做好责任区内的卫生和各项餐前准备工作

营业中② ⇒
○负责宴会、零点菜品的传送工作
○将服务员撤下的餐具、用具在传菜后带回，属传菜部保存的餐具、用具、金银器在收回后应及时清洗、擦拭、收拣，以免损坏
○入厨菜单中如果出现沽清菜品，应及时通知楼面领班处理
○根据领班安排将餐具回收、运送至洗碗间清洗
○宴会结束后完成收台、餐具运送工作

传菜员在营业中，负责菜品传送工作。

传菜员在营业中，如果发现入厨菜单中出现沽清菜品，应及时通知楼面领班处理。

营业后③	○将餐具回收、运送到指定地点 ○将餐具、盛器、用具清洗、擦拭完后，放到相应位置 ○完成晚市收尾工作，经检查合格后，关闭电源

图1-7　传菜员的每日工作流程

三、点菜员岗位职责与工作流程

（一）岗位职责

点菜员的岗位职责，如表1-8所示。

表1-8　点菜员岗位职责

岗位名称	点菜员
岗位职责	（1）熟知主要菜系的菜名、价格、口感和主要成分等 （2）点菜前了解客人籍贯、身份、宴请类型、口味及消费水平，根据客人的具体情况，提供个性化点菜服务 （3）客人自己点菜时，点菜员应建议客人注意菜品搭配，照顾不同年龄客人的口味，判断菜品数量和价位是否适宜 （4）为熟客及时介绍新菜、不同菜品及口味 （5）介绍时令菜时，可用菜肴时尚食法、相关典故和烹饪营养知识等推销菜式 （6）适时询问客人菜式是否足够、有无改进意见等 （7）注意站立位置及仪态，耐心听取客人的问题，客人如有特别要求，应在点菜单上注明

（二）工作流程

点菜员的每日工作流程，可分为营业前、营业中、营业后三个阶段，如图1-9所示。

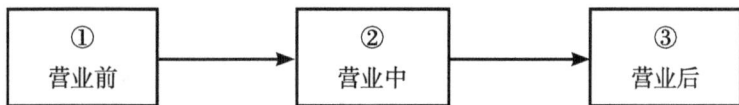

① 营业前	→	② 营业中	→	③ 营业后

营业前① ➤

○参加早会，清理餐厅环境卫生

○准备好圆珠笔、点菜器（菜单、菜单夹、计算器）等，并放在指定位置

○检查设备设施，发现故障向点菜领班报修

○到厨师长处了解菜品供应情况，到预订处了解预订情况

营业中② ➤

○向客人介绍菜品和餐厅特色菜

○与客人交流，了解客人的点菜要求

○有针对性地推销菜品并准确记录，确认客人点选菜品和特殊要求

○对客人进行针对性服务，征询客人意见

点菜员在营业中，向客人介绍菜品和餐厅特色菜。

点菜员在营业中，要与客人适当交流，了解客人的点菜要求。

营业后③ ➤

○将不再使用的服务用品和工具归位存放，整理所辖区域卫生

○对所辖区域餐后清理工作进行自检，填写"工作检查表"，随时接受上级检查

○按照设施设备使用保养规定关闭部分设备设施

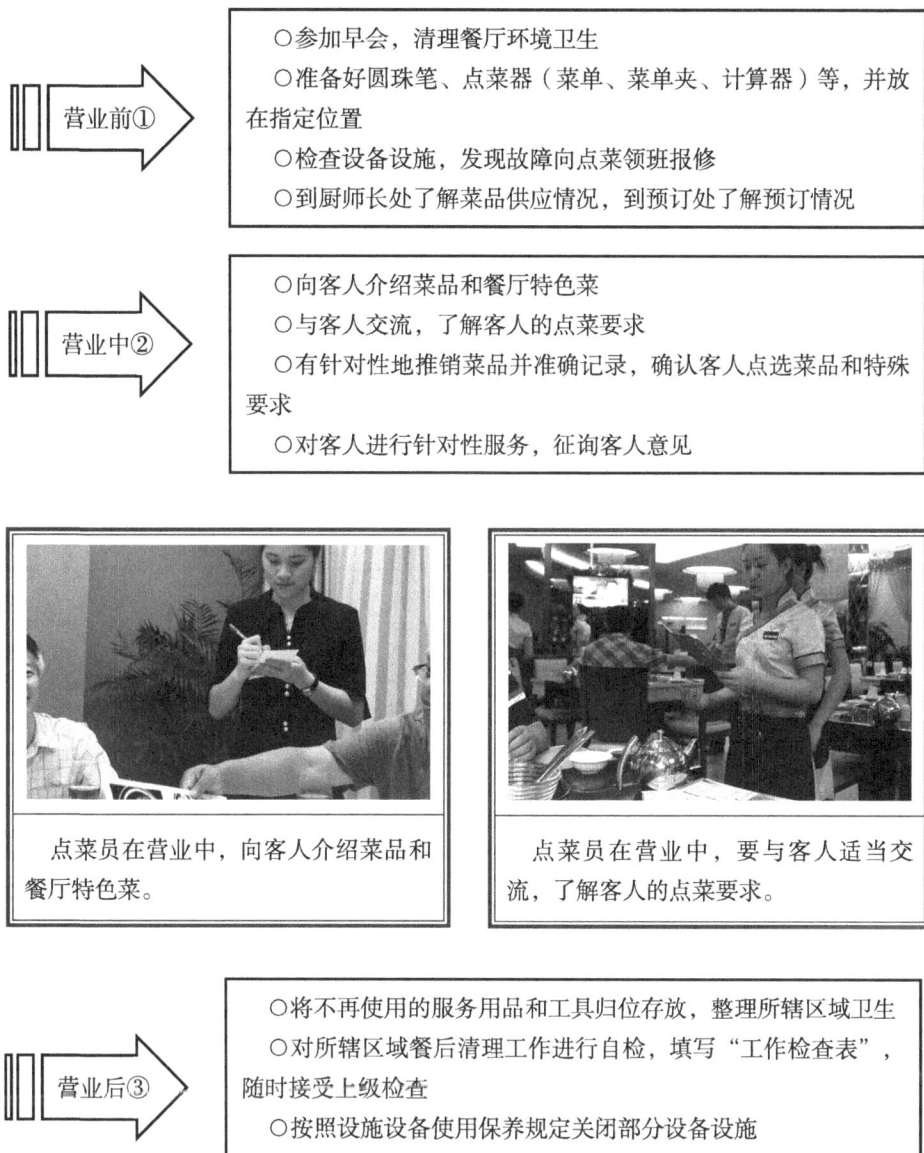

图1-9　点菜员每日工作流程

四、服务员岗位职责与工作流程

（一）岗位职责

服务员的岗位职责，如表1-10所示。

表1-10 服务员岗位职责

岗位名称	服务员
岗位职责	（1）保持个人清洁卫生，注意个人形象 （2）听从餐厅管理人员的安排 （3）按实际营业需要，做好餐前准备工作，摆好台面其他用具 （4）做好餐具保洁工作和餐厅卫生清理工作，保持餐厅环境及各项用具整洁，使其符合相关卫生标准 （5）了解餐厅食物及饮品，按照规定为顾客服务 （6）满足顾客的合理需求，热情主动地为顾客点菜，准确无误地把顾客所需食物、饮料送到顾客餐桌上 （7）顾客离开后，应尽快清理顾客用过的餐具，并重新摆好台面 （8）遇到客人有意见或投诉时，如不能解决，要立即报告给餐厅管理人员

（二）工作流程

服务员的每日工作流程，可分为营业前、营业中、营业后三个阶段，如图1-10所示。

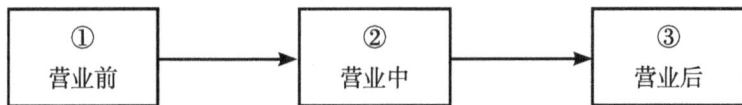

```
┌─────────┐      ┌─────────┐      ┌─────────┐
│   ①     │  →   │   ②     │  →   │   ③     │
│  营业前  │      │  营业中  │      │  营业后  │
└─────────┘      └─────────┘      └─────────┘
```

营业前①
○将餐厅门窗全部打开通风
○清理公共区域的地面卫生，之后打扫包房卫生
○打扫完毕后进行自检，做到物归原位

营业中②
○客人进入餐厅时，协助迎宾员安排客人就座，并拉椅让座
○检查酒水保质期，并在五分钟内斟好酒水，在客人入座后，根据客人要求斟倒饮料
○勤巡视，将台面菜品大盘换小盘（根据客人点菜数量灵活处理）
○与传菜员一起做好清台工作

服务员在营业中，当客人进入餐厅时，协助迎宾员安排客人就座，并拉椅让座。

服务员在客人入座后，根据客人要求斟倒饮料。

营业后③

○检查公共区域的灯光控制情况
○清理垃圾，将垃圾分类倒入指定位置
○清理所辖区域卫生，对垃圾桶与清洁用品进行彻底刷洗

图1-10　服务员每日工作流程

五、酒水员岗位职责与工作流程

（一）岗位职责

酒水员的岗位职责，如表1-11所示。

表1-11　酒水员岗位职责

岗位名称	酒水员
岗位职责	（1）做好酒水申购、领取、发放及储存等工作 （2）进出酒水时填写票据，核准数量，保证手续完备、账物相符 （3）负责定期清点储存物品，确保数量准确，符合储存要求 （4）接受酒水订单，为客人准备鸡尾酒及其他酒水 （5）掌握各种酒品特性及服务知识，开发新的鸡尾酒 （6）熟悉酒水名称、价格、产地和饮用方法等 （7）与餐厅保持联系，妥善保管客人存放的酒水 （8）保持吧台周围的环境及仓库干净整洁、用具清洁，注意保温和通风 （9）营业结束后开展清理补充工作，做好销售报表和空瓶罐回收事宜，减少浪费

（二）工作流程

酒水员的每日工作流程，可分为营业前、营业中、营业后三个阶段，分别如图1-11所示。

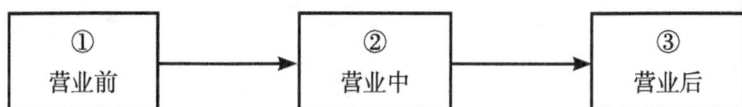

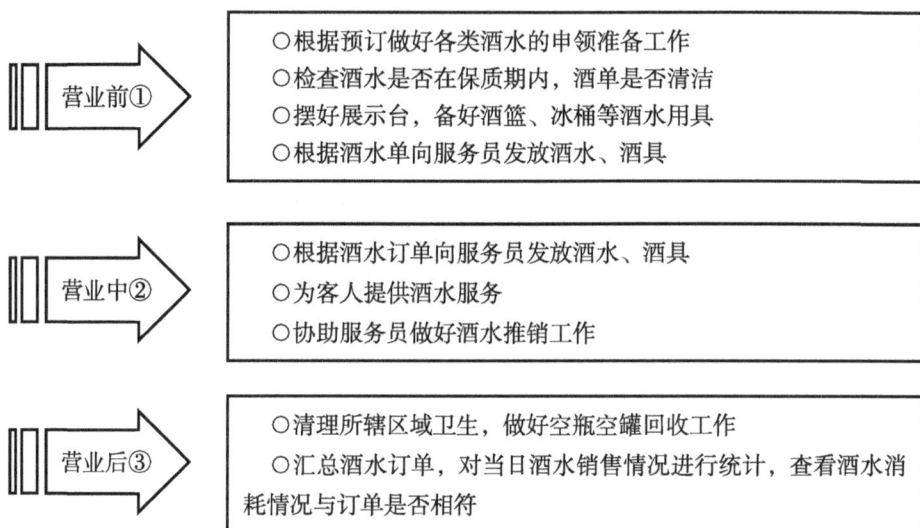

```
┌─────────┐      ┌─────────┐      ┌─────────┐
│    ①    │      │    ②    │      │    ③    │
│  营业前  │ ───→ │  营业中  │ ───→ │  营业后  │
└─────────┘      └─────────┘      └─────────┘
```

营业前①
- ○根据预订做好各类酒水的申领准备工作
- ○检查酒水是否在保质期内，酒单是否清洁
- ○摆好展示台，备好酒篮、冰桶等酒水用具
- ○根据酒水单向服务员发放酒水、酒具

营业中②
- ○根据酒水订单向服务员发放酒水、酒具
- ○为客人提供酒水服务
- ○协助服务员做好酒水推销工作

营业后③
- ○清理所辖区域卫生，做好空瓶空罐回收工作
- ○汇总酒水订单，对当日酒水销售情况进行统计，查看酒水消耗情况与订单是否相符

图1-11　酒水员每日工作流程

酒水员在营业中，要为客人提供酒水服务。

酒水员营业结束后，要查看酒水消耗情况与订单是否相符。

六、收银员岗位职责与工作流程

（一）岗位职责

收银员的岗位职责，如表1-12所示。

表1-12　收银员岗位职责

岗位名称	收银员
岗位职责	（1）熟悉餐牌及酒水价格 （2）认真操作电脑、收银机，做好设备保管工作 （3）准备收银账单、发票，做到快捷服务 （4）每天核对备用金，不得私自挪用 （5）营业结束后，将当天票款账单制作成报表，核对无误后方可下班 （6）不得向外界泄露餐厅的营业情况和相关资料 （7）负责自己工作区域内的清洁卫生

（二）工作流程

收银员的每日工作流程，可将其分为营业前、营业中、营业后三个阶段，如图1-12所示。

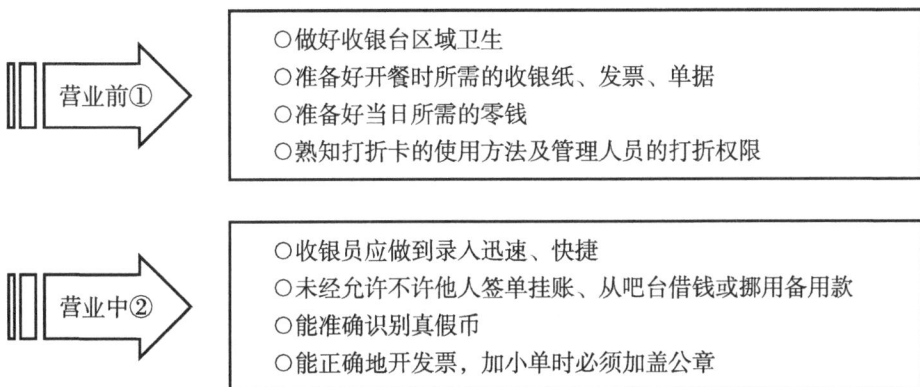

```
┌─────────┐     ┌─────────┐     ┌─────────┐
│    ①    │     │    ②    │     │    ③    │
│  营业前  │ ──→ │  营业中  │ ──→ │  营业后  │
└─────────┘     └─────────┘     └─────────┘
```

营业前① →
○做好收银台区域卫生
○准备好开餐时所需的收银纸、发票、单据
○准备好当日所需的零钱
○熟知打折卡的使用方法及管理人员的打折权限

营业中② →
○收银员应做到录入迅速、快捷
○未经允许不许他人签单挂账、从吧台借钱或挪用备用款
○能准确识别真假币
○能正确地开发票，加小单时必须加盖公章

| 营业后③ | ○做好每日盘点，做到账目相符；熟悉财务制度，保证无错账，并做好每日报表
○将营业款、点菜单、代金券核对后送财务
○查看所有打折卡，宴请菜单是否有批准人签字 |

图1-12　收银员每日工作流程

七、保洁员岗位职责与工作流程

（一）岗位职责

保洁员的岗位职责，如表1-13所示。

表1-13　保洁员岗位职责

岗位名称	保洁员
岗位职责	（1）负责餐厅的清洁卫生工作，听从指挥 （2）保持餐桌摆放整齐，桌面干净无油渍，地面干净无杂物，水池干净，及时清理垃圾桶 （3）就餐期间及时清扫剩饭、食品包装盒，注意不要影响客人就餐 （4）每日做到地面无尘土、无纸屑、无烟头、无塑料袋，更不能有剩饭等杂物 （5）做好清洁卫生工具如墩布、垃圾桶、扫帚的清洁与保管工作 （6）认真完成餐厅内各个死角的油渍污垢的清洗工作，每天用抹布擦洗楼梯扶手，保持干净 （7）爱护餐厅内各种花卉，科学浇水和施肥使其正常成长

（二）工作流程

保洁员的每日工作流程，可分为营业前、营业中、营业后三个阶段，如图1-13所示。

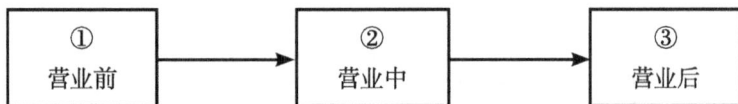

| ① 营业前 | → | ② 营业中 | → | ③ 营业后 |

营业前① 〇清扫地面垃圾、洒水、拖地面，保持地板光亮、无杂物污渍
〇擦餐桌、餐椅，保持餐桌桌面光洁，无油腻、杂物等，餐椅无灰尘油污
〇保持餐厅走廊墙壁、楼梯、扶手干净无污迹

保洁员在营业前，清扫地面垃圾并拖地。

保洁员在营业前，保持餐厅走廊墙壁、楼梯、扶手干净无污迹。

营业中② 〇随时保持桌椅干净，随时收拾桌上碗盘，及时清理餐桌剩饭、杂物等
〇随时清理地面遗留杂物，清扫积水

营业后③ 〇清扫卫生死角、门窗、门帘等
〇清理泔水，泔水桶保持干净、封闭
〇整理卫生工具，将其放在指定位置

保洁员在营业中，随时保持桌椅干净。

保洁员在营业结束后，整理卫生工具，将其放在指定位置。

图1-13 保洁员每日工作流程

八、保安员岗位职责与工作流程

（一）岗位职责

保安员的岗位职责，如表1-14所示。

表1-14　保安员岗位职责

岗位名称	保安员
岗位职责	（1）维护餐厅大门前的交通秩序，引导车辆行驶和行人过往，保证门前畅通无阻 （2）保持高度警惕，发现形迹可疑者，坚决不让其进入餐厅 （3）对来店客人彬彬有礼，表示欢迎；协助迎宾员帮助乘车客人下车，若客人要将车停放在停车场，需引领其到适当位置停车，若没有车位要向客人解释清楚，建议客人将车停在附近的公共停车场 （4）认真学习餐厅各项制度和部门规定，遵纪守法 （5）着装整齐，精神饱满，仪表大方，要热情礼貌地回答客人询问 （6）做好门前警戒，特别是夜间警戒，防止失窃，防止有人打架斗殴 （7）主动地维护餐厅治安和就餐秩序，做好"五防"（防盗、防火、防抢、防损坏、防治安问题）工作

（二）工作流程

保安员的每日工作流程，可分为营业前、营业中、营业后三个阶段，分别如图1-14所示。

① 营业前	→	② 营业中	→	③ 营业后

营业前① ⟹
○负责打扫停车区域的卫生
○检查餐厅物品和设施安全

保安员在营业前，负责打扫停车区域的卫生。

保安员在营业前，检查餐厅物品和设施安全。

营业中②

○指挥客人有序停放车辆，做到停放整齐、通道畅通
○为客人开门，提供周到服务
○防止员工或客人带危险品进店
○看管好车辆，防止车辆被剐蹭，若有意外情况发生要及时通知车主并请肇事者签字
○维护餐厅正常秩序，如有意外及时处理

保安员指挥客人有序停放车辆，做到停放整齐、通道畅通。

保安员要为驾车客人开门。

营业后③

○及时清理场地，保证无关人员不在场地内逗留
○检查、巡视餐厅内外的安全工作
○检查灯是否关闭，窗帘是否拉上，门是否锁好等

图1-14　保安员每日工作流程

第二章

餐厅服务礼仪规范

服务礼仪是指员工在工作岗位上通过语言、行为等，对客人表示尊重的规范。规范的服务礼仪，不仅可以帮助餐厅和员工树立良好的形象，还能使员工获得客人的理解、好感与信任。因为，让员工学习和运用服务礼仪，不仅是树立自身形象的需要，更是提高企业社会效益、提升自身竞争力的需要。

第一节　餐厅员工仪容仪表

一、了解餐厅员工的服饰特征

餐厅员工的服饰属于职业服饰范畴，它具有职业服饰的基本特征，也就是实用性、美观性和象征性。

细节提示

餐厅员工的工作服饰要与餐厅环境的风格保持和谐或互补。中餐厅员工的着装，要根据餐厅的菜系，以及整个餐厅的背景、装饰、色调来调整，给顾客带来一种和谐的美感，为餐厅增添生动的情趣。

（一）统一

餐厅员工服饰的统一特征，如图2-1所示。

> 统一

统一是餐厅员工服饰的基本原则。对于接受服务的客人来说，款式格调相同的服饰会给人一种井然有序、赏心悦目的整齐之感

图2-1　餐厅员工服饰的统一特征

餐厅员工统一服饰，会让客人感到赏心悦目。

（二）和谐

餐厅员工服饰的和谐特征，如图2-2所示。

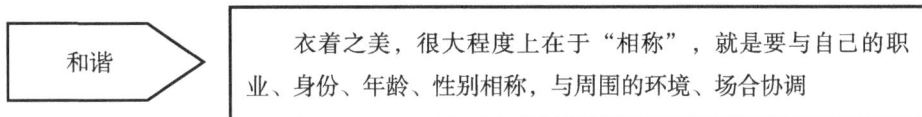

| 和谐 | 衣着之美，很大程度上在于"相称"，就是要与自己的职业、身份、年龄、性别相称，与周围的环境、场合协调 |

图2-2　餐厅员工服饰的和谐特征

（三）含蓄

餐厅员工服饰的含蓄特征，如图2-3所示。

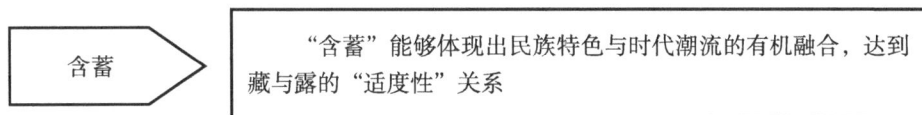

| 含蓄 | "含蓄"能够体现出民族特色与时代潮流的有机融合，达到藏与露的"适度性"关系 |

图2-3　餐厅员工服饰的含蓄特征

（四）整洁

餐厅员工服饰的整洁特征，如图2-4所示。

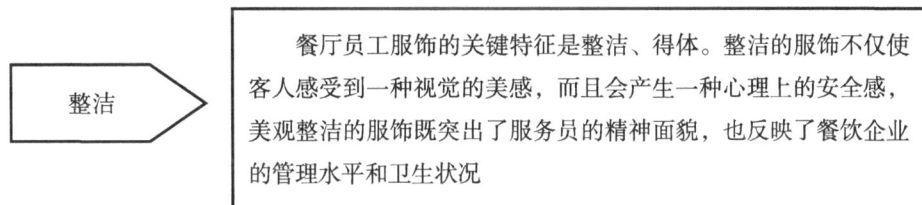

| 整洁 | 餐厅员工服饰的关键特征是整洁、得体。整洁的服饰不仅使客人感受到一种视觉的美感，而且会产生一种心理上的安全感，美观整洁的服饰既突出了服务员的精神面貌，也反映了餐饮企业的管理水平和卫生状况 |

图2-4　餐厅员工服饰的整洁特征

二、工作中必须着工作服

每家餐厅都非常注意员工形象，专门请人为员工设计工作服，力求设计得美观、实用、标准。工作服既不能像礼服那样正规、华贵，也不能像便装那样随意，只要整洁、大方、雅致即可。

餐厅的工作服虽因内部岗位的不同而有许多不同的样式，但款式却是约定俗成的，如服务员、迎宾员等用的款式。有些款式已沿用了几十年，虽没有明文规定，但已被本行业普遍认可。如服务员的工作服是黑色燕尾服、马甲、白色礼服领衬衫、领结。

细节提示

工作服从色彩到款式都不能过于引人注意，应以庄重、清洁和整齐为原则。

餐厅工作服有统一规范要求，不能随意修改。

每个餐厅的员工都有自己的着装佩饰，即使在同一家餐厅，不同级别员工的着装佩饰也不同。客人往往就是根据每位员工的着装佩饰，来判断员工的身份。

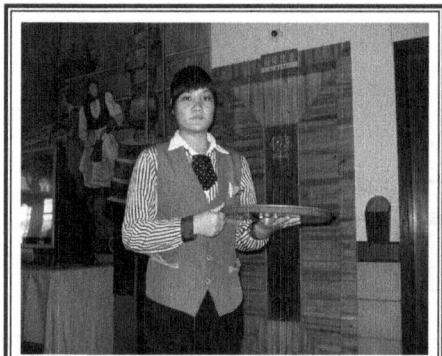

细节提示

规范的着装佩戴，既有利于员工开展工作，又有利于员工以典雅、大方、得体的仪表仪容出现在客人面前。

餐厅工作服有统一的要求，任何员工不能随意修改。餐厅员工应注意领子和袖口的洁净，注意保持工作服整体的挺括。每天上岗前，餐厅员工必须细心检查工作服上是否有菜汁、油渍，扣子是否齐全、有无松动，衣裤是否有漏缝和破边等。总之，需经反复检查并确认合格后才能穿着工作服上岗。

三、仪容仪表大方得体

（一）仪容

餐厅员工要不断提高自身修养，修身养性、陶冶情操、提高审美能力，同时树立积极向上的世界观，使自己保持健康的心态。餐厅员工的仪容规范，如图2-5所示。

总体要求

保持微笑、和蔼可亲的态度，以及清新整洁的容貌，不留怪异发型，不染彩发，不留长指甲，指甲缝内无污垢，不戴任何首饰、个人饰件，不抹擦气味浓郁的香水

男员工

不留胡须，勤剪鼻毛，头发后不过衣领，鬓角不遮耳朵且干净整齐，无头垢、头屑

女员工

长发应盘起，短发则用发卡卡在耳后，刘海不过眉，不涂有色指甲油，不用式样繁杂的发夹或发带

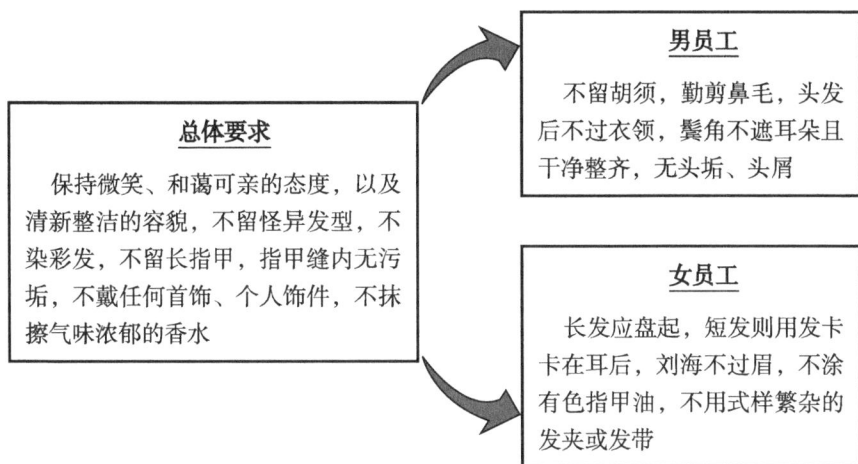

图2-5　餐厅员工的仪容要求

（二）仪表

仪表是一个人的外表或外在形象。仪表是人的审美情趣、精神状态、文明程度、文化修养的综合体现。

1. 仪表的构成因素

仪表的构成因素，如图2-6所示。

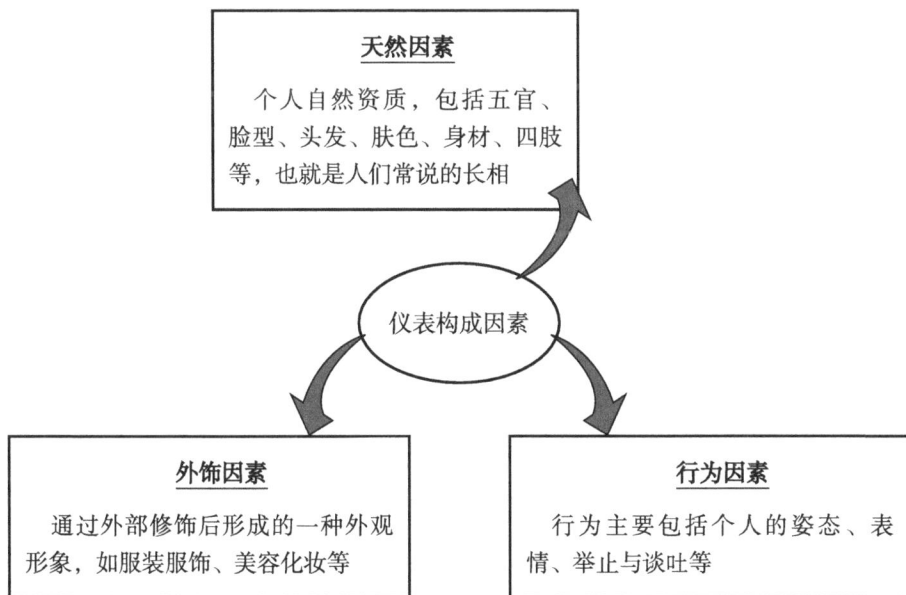

天然因素

个人自然资质，包括五官、脸型、头发、肤色、身材、四肢等，也就是人们常说的长相

仪表构成因素

外饰因素

通过外部修饰后形成的一种外观形象，如服装服饰、美容化妆等

行为因素

行为主要包括个人的姿态、表情、举止与谈吐等

图2-6　仪表的构成因素

2. 仪表的规范要求

（1）员工上班时须穿着统一的工作服，工作服不得随意更改，要保持干净整齐、纽扣齐全，口袋内不装过多的工具，不装与工作无关的东西。

（2）上班时须将工号牌统一戴在左胸口袋中央处。

（3）男、女员工均须穿黑色防滑皮鞋或布鞋，鞋须干净无污泥。男员工穿深色袜子，女员工穿肉色长筒丝袜，袜子上端不低于裙子下摆。

女员工长发应盘起，保持清新整洁的容貌。

四、迎宾入厅，热情问候

营业前20分钟左右，迎宾员要准确就位，站立于餐厅门口的两侧或便于环顾四周的位置。

当客人进入餐厅时，迎宾员要主动上前热情问候，然后问清客人人数并引领其入座，如果是正餐服务时间，还要礼貌地询问客人是否已经预订座位。

细节提示

在给客人指引大致方向时，应将手臂自然弯曲，手指并拢，手心向上，以肘关节为轴，前臂指向目标，动作幅度不要过大过猛，同时眼睛要引导客人向目标望去，切忌用一个手指指指点点。

针对客人的不同情况，迎宾员要采用不同的方式予以接待。

（1）如果是一位客人独自来到餐厅，迎宾员说"欢迎光临"即可，不要画蛇添足地问"就您一个人吗？"，以免引起客人的不快。

（2）如果是男、女客人一起来，迎宾员应先问候女宾，再问候男宾。

（3）对于进入餐厅的年老体弱的客人，迎宾员要主动上前照顾或搀扶。

（4）在用餐高峰时，如餐厅内暂无空位，迎宾员要向客人表示歉意，说明情况。

如："对不起，目前暂时没有空位，请您稍候可以吗？"并想办法安排客人坐下等候，而不能让客人站在那里等着。

（5）如果客人不愿等候而要离去，迎宾员则应热情相送："欢迎再来。"

五、恭候点菜，耐心等待

客人就座后，点菜员要适时递上菜单，递送的菜单应干净无污损。点菜员在给客人递送菜单时，态度要恭敬，不可将菜单往桌上一扔便一走了之，这是很不礼貌的行为。

如果男、女客人一起用餐，点菜员应先将菜单递给女士，如很多人一起用餐时，最好将菜单递给主宾，然后按逆时针方向绕桌一一送上菜单。

点菜员在点菜时，要态度和蔼，做到有问必答、言简意赅。

细节提示

点菜员要注意推销技巧，要让客人有选择的余地。什么都推销则等于什么都没推销，不必对每道菜肴都详细描述，而应突出重点。

客人在点菜时，点菜员不要以言语催促，或是以动作如敲敲打打等来显示不耐烦，而要态度和蔼，做到有问必答、言简意赅。

点菜员也可根据各类客人不同的就餐目的为其提供建议。

（1）如果客人以调节生活为目的，可向其重点介绍鲜香的菜肴。

（2）如果客人以团聚为目的，可向其重点介绍整齐团圆的菜肴。

（3）如果客人以宴请为目的，可向其重点介绍丰盛的菜肴。

（4）如果客人以约会为目的，可向其重点介绍香甜浪漫的菜肴。

（5）如果客人以便餐为目的，可向其重点介绍实惠便捷的菜肴。

（6）如果客人以品尝为目的，可向其重点介绍风味菜。

此外，点菜员要尊重客人的饮食习惯和口味特点，尽量满足他们的各种需求。在等待客人点菜时，点菜员要集中注意力，随时准备记录。对于客人点的菜和饮料等，点菜员要认真记录，不能出现差错。

六、事事周到，注重"四勤"

餐厅服务员要想做到周到服务、礼貌服务，就要注意"四勤"，即嘴勤、眼勤、手勤、腿勤，并把它们进一步具体化，运用到实际的服务工作中去。

（一）嘴勤

嘴勤是指服务员热情有礼貌，问好的语句不离口，对客人有问必答，不厌其烦。

案例

在某餐厅的晚餐时间，几位客人落座之后开始点菜，他们不时地向服务员征询意见，结果服务员讲解了半天，客人们一个菜都没点，还在问这问那。这时服务员说："几位是初次来本餐厅吧，对这里的菜肴特色也许还不大了解，请不要着急，慢慢挑选。"

终于，几位客人点好了菜，但是还没等服务员转身离开，客人们又改变了主意，要求换几个菜。这回，客人们自己都不好意思了，服务员仍然微笑着说："没关系，为您们提供满意的服务是我们的责任和义务。"

这位服务员的耐心和热情，使几位客人深受感动。

（二）眼勤

眼勤是指有眼力，善于细心观察并发现问题。例如，客人在吃饭的过程中，忽然将身体往椅背上一靠，眼睛向四处看，或是举起了手，服务员就应该明白，客人有服务的需求，这时服务员应该立即走过去，稍微弯下身，仔细倾听客人的要求。

（三）手勤

手勤是指操作娴熟，干脆利索，不拖泥带水，将需要办的事情做好。例如，服务员看到餐厅内物品放置零乱，就随手整理好；看到送餐车挡道，就随手把它推到合适的地方，而不是"眼不见为净"或觉得不是分内的事就袖手旁观。

（四）腿勤

腿勤就是要经常在自己的工作区域走动，以便及时发现问题，并做出相应的处理。

如果菜肴不能及时送上，有的儿童就会因不耐烦而东抓西摸，甚至离座在餐桌周围乃至整个餐厅跑来跑去，服务员发现后，应尽快送上菜肴，或为儿童提供一些特别的项目，如发放小画册、小玩具等物品，以便稳定儿童的情绪，避免发生意外。

七、练就优美文雅的站姿

正确的站姿能够帮助人们调整呼吸，改善血液循环，减轻身体疲劳。餐厅服务人员大多是站立服务的，更要注意站姿。

（一）站姿的基本要求

（1）站立是餐厅服务人员的基本功。站立时，身体要端正，挺胸、收腹、眼睛平视，嘴微闭，面带微笑，双臂自然下垂或在身体前交叉，右手放在左手上，以保持随时可以提供服务的姿态。

（2）肩膀要平直，不许耸肩歪脑。双手不可叉在腰间，不可放在身后，更不可抱在胸前。

（3）站立时，身体不能东倒西歪，不可坐在桌子上或靠在椅背上。站累了双脚可暂作"稍息"状，但上身仍须保持正直，其要求是将身体重心偏移到左脚或右脚上，另一条腿稍微向前屈，使脚部肌肉放松。

（4）站立时应留意周围同事的招呼合作。另外，站立时要注意顾客，但不可"眼睁睁"地盯着，应灵活些。

（5）女服务员站立时，双脚应呈"V"字形，脚尖张开度为50度左右，膝盖和脚后跟要靠紧，不能双脚叉开。

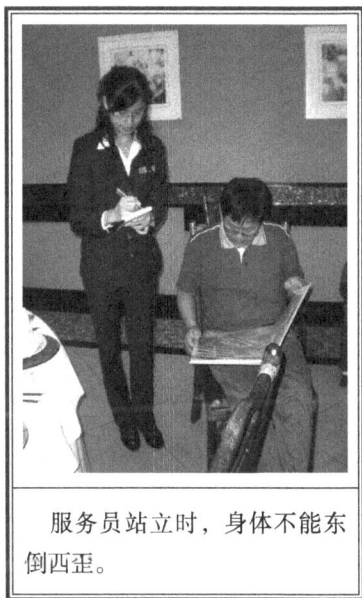

服务员站立时，身体不能东倒西歪。

（6）男服务员站立时，可双脚并拢，也可双脚叉开。叉开时，双脚应与肩同宽。身体不能东倒西歪，站累时脚可以向后或向前撤半步，但上身仍需保持正直，不可把脚向前或向后伸得太多，右手放在左手上，双手放前放后均可。

（二）错误站姿

对餐厅服务人员来说，最忌讳的站姿如图2-7所示。

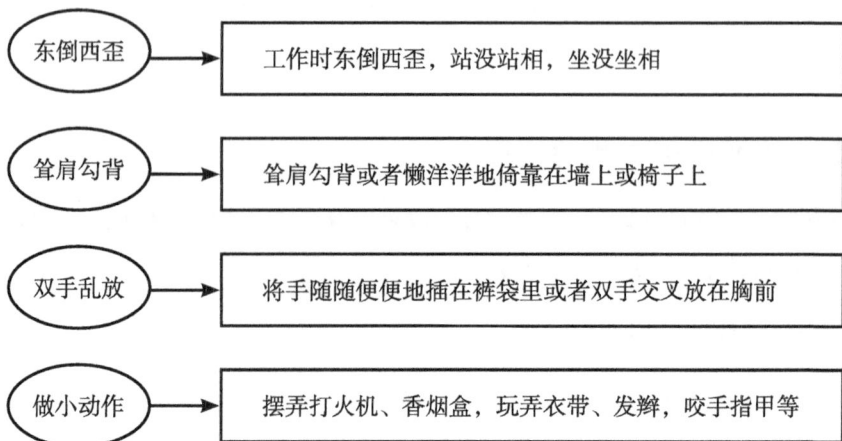

东倒西歪	→	工作时东倒西歪，站没站相，坐没坐相
耸肩勾背	→	耸肩勾背或者懒洋洋地倚靠在墙上或椅子上
双手乱放	→	将手随随便便地插在裤袋里或者双手交叉放在胸前
做小动作	→	摆弄打火机、香烟盒，玩弄衣带、发辫，咬手指甲等

图2-7　餐厅服务人员错误站姿

（三）站立服务姿态

为顾客服务时，每位服务人员都要注意，应正面对着顾客，而不应背对顾客。这一条原则，同样适用于坐姿。背对顾客是不礼貌的。

（四）练习站立姿势

将身体背靠墙站好，使自己的后脑勺、肩、臀部及足跟均能与墙壁紧密接触，这说明你的站立姿势是正确的，若无法接触，那就是你的站立姿势不正确。

八、保持稳重端庄坐姿

餐厅服务人员大多数时间都是站着的，但是有时可能也会坐，因此需要掌握坐姿的礼仪规范。

（一）正确坐姿

正确的坐姿体现了对对方的恭敬和尊重，是人们必备的礼仪。但怎样坐才算是正确的坐姿呢？

（1）刚落座时要先把双脚跟并拢，也可把右脚尖向前斜出，显得比较悠闲，不至于呆板，这样可以保持身段均衡的自然美。

（2）将左腿跷在右腿上，这样可以给人一种大方高贵的感觉。但是不宜跷得过高，这样会有失风度，也不能把足尖跷起。

（二）注意事项

（1）入座时要轻稳。服务员先走到座位前，再从左边慢慢坐下，动作要轻而稳。

（2）女服务员入座后要把裙子理好。女士入座要娴雅，用手把裙子向前拢一下，再坐下，入座后把右脚与左脚并齐。

（3）不要坐满椅子。无论坐在椅子或沙发上，最好不要坐满，一般只坐满椅子的1/2或2/3。

（4）两膝盖不要分太开。男士坐下可膝盖分开，女士坐下则双膝并拢。但无论男女，无论何种坐姿，都切忌两膝盖分得太开，两脚呈八字形，这一点对女性尤为不雅。女性可以采取小腿交叉的坐姿，但不可向前直伸。切忌将小腿架到另一条大腿上，或将一条腿搁在椅子上，这是很粗俗的。

（5）切忌脚尖朝天。最好不要随意跷二郎腿，因为东南亚一些国家忌讳坐着跷二郎腿。

（6）不可抖脚。坐立时，腿部不可上下抖动或左右摇晃。在社交过程中，腿部动作经常不自觉地露出人的潜在意识，如小幅度地抖动腿部，频繁地交换架腿的姿势，用脚尖或脚跟拍打地面，脚踝紧紧交叠等动作，都是人紧张不安、焦躁、不耐烦情绪的反映。

（7）交谈时应注意姿势。与人交谈时，不要将上身往前倾或用手支撑着下巴。

（8）坐下后应该安静。不可一会儿向东看，一会儿向西看。

（9）双手自然放好。双手可相交搁在大腿上，或自然地放在大腿上，也可轻搭在沙发扶手上，但手心应向下，手不要乱动。

（10）不雅观的坐姿。坐在椅子上前俯后仰，或把脚架在椅子上或沙发扶手、茶几上，都是极不雅观的。

（11）可侧坐。端坐时间过长，会使人感觉疲劳，这时可变换为侧坐。坐的时间长了想靠在沙发背上也是可以的，但不可把脚一伸，半躺半坐，更不可歪歪斜斜地躺在沙发上。

九、形成自然轻快走姿

（一）正确走姿

正确的走姿是脚正对前方所形成的直线，脚跟要落在这条直线上，上体正直、抬头、平视、微笑，双臂自然地前后摆动，肩部放松，步伐轻而稳。

（二）注意事项

1. 切忌身体摇摆

行走时切忌晃肩摇头，上身左右摆动，给人以庸俗、无知和轻薄的印象，脚尖不要向内或向外，晃着"鸭子"步，或者弯腰弓背，低头无神，步履蹒跚，给人以压抑、疲倦、老态龙钟的感觉。

2. 目光注视前方

走路时眼睛应注视前方，不要左顾右盼，不要回头张望，不要总是盯住行人乱打量，更不要一边走路，一边指指点点地对别人评头论足，这样很不礼貌。

3. 双手不可乱放

走路的时候，不可把手插在衣服口袋里，尤其不可插在裤袋里，也不要叉腰或倒背着手。

4. 脚步干净利索

走路时脚步要干净利索，有节奏感，不可拖泥带水，也不可重如打锤，砸得地动楼响。

5. 同行不要排成行

几个人在一起走路时，不要勾肩搭背，不要拍拍打打。多人在一起走的话，不要排成行。

走路时要用腰力，要有韵律感。

6. 有急事勿奔跑

如果碰到有急事，可以加快脚步，但切忌奔跑，特别是在过道里。

7. 走路要用腰力

走路时要用腰力，要有韵律感。走路时如腰部松懈，会有吃重的感觉，不美观；拖着脚走路，更显得难看。

走路的美感产生于下肢的频繁运动与上身稳定之间所形成的对比与和谐，以及身体的平衡对称。要做到出脚和落地时脚尖都正对前方，抬头挺胸，迈步向前。女性穿着裙子时要走成一条直线，使裙子下摆与脚的动作显出优美的韵律感。

8. 保持好心情

走路的姿势与心情有关。心理学家认为，低垂着头，双肩晃动和驼背，表示此人精神不振、消极自卑。因此要使自己对事业和生活充满信心与乐趣，这样你走起路来，也会精神百倍、富有活力。

（三）走姿练习

练习走姿时可以采用头顶书本走路的方法。这种方法对于走路时喜欢低头或头部歪向一方，以及肩膀习惯前后晃动的人，是一种很好的矫正手段。

十、蹲姿应注意仪态

在日常生活中，人们对掉在地上的东西，一般是习惯弯腰或蹲下将其捡起，而餐厅服务人员对掉在地上的东西，如果也像普通人一样采用一般的随意弯腰蹲下捡起的姿势是不合适的。

（一）正确的蹲姿

（1）下蹲拾物时，应自然、得体、大方，不遮遮掩掩。

（2）下蹲时，两腿应合力支撑身体，避免滑倒。

（3）下蹲时，应使头、胸、膝关节在同一个角度上，保持蹲姿优美。

（4）女性无论采用哪种蹲姿，都要将双腿靠紧，臀部向下。

女士无论采用哪种蹲姿，都要将腿靠紧，臀部向下。

（二）交叉式蹲姿

在实际生活中常常会用到各种蹲姿，女性可采用交叉式蹲姿，下蹲时右脚在前，左脚在后，右小腿垂直于地面，全脚着地。左膝由后面伸向右侧，左脚跟抬起，脚掌着地。两腿靠紧，合力支撑身体。臀部向下，上身稍向前倾。

（三）高低式蹲姿

下蹲时右脚在前，左脚稍后，两腿靠紧向下蹲。右脚全脚着地，小腿基本垂直于地面，左脚脚跟提起，脚掌着地。左膝低于右膝，左膝内侧靠于右小腿内侧，形成右膝高、左膝低的姿态，臀部向下，基本上以左腿支撑身体。

细节提示

服务员弯腰捡拾物品时，如果两腿叉开，臀部向后撅起，是不雅观的姿态。

十一、手势应高雅得体

（一）直臂式

直臂式手势主要用于为客人指引方向，将手抬至胸部高度，四指伸直并拢，掌心向上，以肘关节为轴，朝特定方向指示，身体应侧向客人，目光兼顾客人和所指方向，直到客人清楚时方可放下手臂。

（二）横摆式

横摆式手势主要用于迎宾，五指并拢，掌心斜向上45度，手与前臂呈一条直线，手从腹部抬起向右摆动，以肘关节为轴，肘关节不可成直角，也不要完全伸直，不能将手臂摆在体侧或身后，左手下垂，同时脚呈丁字状，面带微笑，目视客人。

直臂式手势主要用于为客人指引方向。

（三）曲臂式

曲臂式手势多用于迎客到房门口时，右手五指并拢，从身体侧前方，从上向下伸出手臂，上臂离身体45度左右，以肘为轴，手臂由身侧向左摆动，呈曲臂式，脚呈丁字状。

（四）斜式

斜式手势用于请客入座，手臂向前抬起，以肘关节为轴，前臂由上向下，使手臂呈向下斜线，指向椅子，双手扶椅背向后拉，轻拖轻拿，不可拍客人的肩。

十二、与客人交谈的仪态

餐厅服务员在与客人交谈时，一定要克服各种不良习惯，以免引起客人的不悦或不满。

（1）不要总是摸后脑勺。与客人交谈时，如果服务员总是下意识地挠一挠后脑勺，这容易被对方认为你不成熟，没有社会经验。

（2）与客人交谈时，服务员总拿点什么东西摆弄着，这种习惯很不好，是对对方不尊重的表现。

（3）不要有轻浮动作。讲话时总喜欢拍对方一下，这种轻浮的动作，对方是很反感的。

（4）不要有小动作。有些人无论是坐着、站着或者与人交谈，不知不觉地总喜欢用手挖鼻孔或挖耳朵，或揉一揉鼻子，也就是常说的一种习惯性的小动作。服务员应当想办法克服这些小动作。

（5）不要忽视交谈时的距离。餐厅服务员在与客人交谈时要保持一定的距离。如果与客人离得过远，会使对方误认为服务员不愿向他表示友好和亲近，甚至是厌恶他；相反，凑得过近，违反了社交中正常的距离，又会显得很不礼貌。因此，服务员与客人交谈时一定要养成良好的习惯，举止大方，并与对方保持适当的距离。

（6）有些餐厅服务员讲话时不看客人，不管对方喜欢不喜欢听，只顾自己一个劲地在那儿说，就像打机关枪似的不给对方插话的机会，这样做很不好。

（7）有些餐厅服务员与客人交谈时，总感觉对方讲话慢，没有把话说到点子上，于是经常插上几句，这样就容易打乱客人的思路，引起对方的反感。

（8）如果双方交谈的问题较为复杂，各自都有一定的想法时，餐厅服务员一定要听完客人的话后再说话，千万不要只听开头，就匆忙解释对方提出的问题；即使对客人提的问题比较了解，也要等对方把话提完，这是与客人交谈中的一种礼貌。

第二节 餐厅员工礼节规范

服务质量的好坏，最重要的是表现在服务的礼貌礼节中。餐饮服务中常见的礼节有问候礼、称呼礼、应答礼、操作礼、迎送礼、宴会礼、鞠躬礼和致意礼等。

一、问候礼

问候礼是服务员对客人进店时的一种接待礼节，以问候、祝贺性语言为主，问候礼分以下几种不同的问候。

1. 初次见面的问候

客人刚刚进入餐厅时，与客人初次见面，服务员应说"先生（小姐），您好（或欢迎光临），我是××号服务员（我是小×），很高兴能为您服务"。

2. 时间性问候

与客人见面时，要根据早、中、晚的大概时间问候"早上好"、"中午好"、"下午好"等。

3. 对不同类型客人的问候

到餐厅用餐的客人类型很多，服务员要对不同类型的客人要有区别地进行问候，例如，对过生日的客人说"祝您生日快乐"，对新婚的客人说"祝您新婚愉快"等。

4. 节日性问候

节日性问候一般用在节日前或节日后不久，如春节、元旦（新年）、国庆节等，应问候客人"节日快乐"、"新年好"等。

5. 其他问候

当客人身体欠佳或客人醉酒、发怒时都应对客人表示关心。

二、称呼礼

称呼礼是指服务员在日常服务中和客人打交道时所用的称谓。称呼要切合实际，如果称呼错了，不但会使客人不高兴，甚至会产生笑话和引起误会。

1. 一般习惯性称呼

在称呼客人时，一般称男子为"先生"，未婚女子为"小姐"，已婚女子称"女士"，对不了解婚姻状况的女子统称"小姐"，戴结婚戒指和年龄稍大的可称"女士"。

2. 按职位称呼

服务员如果知道客人的职位则要称呼其职位，如王局长、李主任等。

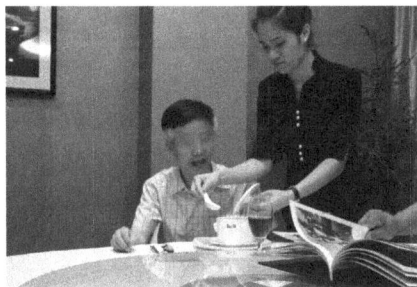

如果服务员知道客人的职位，要称呼其职位。

三、应答礼

应答礼是指服务员同客人交谈时的礼节。

（1）解答客人问题时，服务员必须保持良好的站姿，不背靠他物，讲话语气温和，有耐心，双目注视对方，集中精神倾听，以示尊重。

（2）对客人的赞扬、批评、指教、抱怨，服务员都必须有恰当的语言回答，不能置之不理，否则就是一种不礼貌的行为。

（3）服务员在为客人处理服务上的问题时，语气要婉转，如客人提出的某些问题超越了自己的权限，应及时请示上级及有关部门，不能说一些否定语，如"不行"、"不可以"、"不知道"、"没有办法"等，应回答："对不起，我没有这个权限，我去请示一下领导，您看行吗？"

四、操作礼

操作礼是指服务员在日常工作中的礼节。服务员的操作，在很多情况下是与客人在同一场合、同一时间进行的，服务员既要做好服务工作又不失礼，就必须注意以下两点。

（1）服务员在日常工作中要着装整洁，注意仪表，举止大方，态度和蔼，在工作时间不大声喧哗，不开玩笑，不哼小曲，要保持安静。在进入客人房间之前要敲门，敲门时不能猛敲，要用手指关节处有节奏地轻敲，在获得客人同意后再进去，开门、关门时动作要轻，不要发出太大的响声。

（2）操作时，如影响到客人，服务员应表示歉意，说："对不起，打扰一下"或"对不起，请让一下好吗？"等。

五、迎送礼

迎送礼是指服务员迎送客人时的礼节。

（1）客人来店时，服务员要主动向客人问好，笑脸相迎，在此过程中，要按"先主宾后随员，先女宾后男宾"的顺序进行引导，对老弱病残客人要主动搀扶。

（2）客人用餐完毕离开时，服务员应向客人逐一道别，使客人带着温馨、满意而归，迎送礼要求热情得体、不温不火。

六、宴会礼

不论何种宴席，餐饮服务员都要懂得一般的礼节，在为宴会提供服务的过程中，按一套规定的礼节去操作，如斟酒、上菜必须按一定的顺序，摆放菜品时要遵循一定的规则，席间服务需依据酒宴主题，符合当地的风俗习惯等。

无论何种宴席，服务员都要按照规定的礼节操作。

七、鞠躬礼

鞠躬礼一般是指晚辈对长辈、下级对上级以及初次见面的朋友之间的礼节。行鞠躬礼时必须先摘下帽子，手垂后，用立正姿势，两眼注视受礼者，身体上部前倾50度左右，而后恢复原来的姿势。

八、致意礼

点头致意在一般情况下是同级或平辈之间的礼节，在日常工作中，同一位服务员与客人多次见面时，在问候客人"您好"的同时，还须点头微笑致意。

第三节　餐厅服务用语

一、问候语

（1）"先生（小姐）您好！欢迎光临！"

（2）"中午（晚上）好，欢迎光临！"

（3）"欢迎您来这里进餐！"

（4）"欢迎您！一共几位？请这里坐。"

（5）"请问先生（小姐）有预订吗？是几号房间（几号桌）？"

（6）"请跟我来。"

（7）"请这边走。"

二、征询语

（1）先生（小姐），您坐这里可以吗？"

（2）"请问先生（小姐），现在可以点菜了吗？"

（3）"这是菜单，请您看看。"

（4）"请问先生（小姐）喜欢用点什么酒水（饮料）？我们这里有……"

（5）"对不起，我没听清您的话，您再说一遍好吗？"

（6）"请问先生（小姐）喜欢吃点什么？我们今天新推出……（我们的特色菜有……）"

（7）"请问，先生还需要点什么？"

（8）"您用些……好吗？"

（9）"请问先生现在可以上菜了吗？"

（10）"请问先生，我把这个菜换成小盘可以吗？"或者"请问，可以撤掉这个盘子吗？"

（11）"请问先生，可以上一个水果拼盘吗？我们这里的水果有……"

（12）"您吃得好吗？"

（13）"您觉得满意吗？"

（14）"您还有别的事吗？"

（15）"现在可以为您结账吗？"

三、感谢语

（1）"感谢您的意见（建议），我们一定改正。"

（2）"谢谢您的帮助。"

（3）"谢谢您的光临！"

（4）"谢谢您的提醒。"

（5）"谢谢您的鼓励，我们会继续努力。"

案例

一位客人在用餐时，不小心将筷子掉在地上了。这位客人把筷子从地上捡起来随便一擦，又准备继续"战斗"。这时值台服务员眼疾手快，马上将一双干净筷子递到客人面前，并说"对不起，请用这一双，谢谢合作！"客人大为感动，离开餐厅之前，特意找到经理夸奖这位服务员说："你们的服务员反应迅速，她帮助了我还要感谢我，真是训练有素！希望餐厅给予奖励。"

四、道歉语

（1）"真对不起，这个菜需要点时间，请您多等一会儿好吗？"

（2）"对不起，让您久等了，这是××菜。"

（3）"真是抱歉，耽误了您很长时间。"

（4）"对不起，这个菜品刚刚卖完，××菜和它的配料基本相似。"

（5）"对不起，我把您的菜上错了。"

（6）"实在对不起，我们重新为您做一下好吗？"

（7）"对不起，请稍等，马上就好！"

（8）"对不起，打扰一下。"

（9）"实在对不起，弄脏您的衣服了，让我拿去洗好吗？"

案例

　　一家餐厅的包间内有一对情侣正在里面用餐。菜上得差不多了，客人就对服务员说："这里你就别管了，你把门关上，有事你再进来！"于是服务员出去站在包间外，过了一会儿传菜员端汤来了，服务员接过来就往包间里送，没敲门就闯了进去。

　　哪知这时客人恰好正在亲昵，服务员于是说了一句"不好意思！"这一下惹怒了客人，客人大声说："什么不好意思，我们是正常的，你不敲门进来才不好意思。"其实，如果服务员说一声："实在对不起，打搅了！"把汤放在桌上，然后迅速离开，就不会让客人那样愤怒了。

五、应答语

（1）"好的，我会通知厨房，按您的要求去做。"

（2）"好的，我马上就去。"

（3）"好的，我马上安排。"

（4）"是的，我是服务员，非常乐意为您服务。"

（5）"谢谢您的好意，我们是不收小费的。"

（6）"没关系，这是我应该做的。"

（7）"我明白了。"

六、祝福语

（1）"祝您用餐愉快。"

（2）"新年好"、"新年快乐"、"圣诞快乐"、"节日快乐！"

（3）"祝您新婚愉快。"

（4）"祝您早日康复。"

（5）"祝您生日快乐。"

（6）"祝您心情愉快。"

七、送别语

（1）"先生（小姐）慢走，欢迎下次光临。"

（2）"先生（小姐）再见。"

（3）"请慢走。"

第三章

餐饮服务基础知识

服务员在为客人服务的过程中，会用到各种相关的知识，因此，餐厅服务人员必须牢记餐饮服务特征，了解不同类型客人的特点，熟悉中西菜系的基础知识，掌握常用的酒水知识。

第一节　餐饮服务的基本特征

餐厅服务员要想为客人提供最好的服务，就一定要熟练掌握餐饮服务的基本特征。

一、不可量化性

服务质量无法进行量化分析，但可以通过客人用餐后的感觉评判服务质量的优劣。服务员必须接受专业化的服务训练，为客人提供优质的服务，尽可能满足其不同的消费需求。

二、不可储存性

餐饮服务具有不可储存性，客人每次用餐结束后离开餐厅，服务也随之结束，不能储存给下次使用，只有客人亲临餐厅用餐才能享受服务。

三、不可转让性

每位就餐的客人都无法把其接受的服务转让给第三方，且仅以"当时"为限，等到下次光临时，则会因服务员不同或是就餐环境等的不同，获得另外的就餐服务。

四、同步性

餐饮服务的特点之一就是服务员在接受客人提出的要求后才可提供相应的服务。当客人指定菜单后，就确定了其消费形态和类别，同时厨房也依据菜单的内容开始整理、制作。因此，餐饮服务的生产、销售、消费三个环节是同时进行的。

餐饮服务的生产、销售、消费同时进行。

五、有价性

餐饮服务是一种有偿服务，其本身具有价值，能为企业带来利润。优质的服务是餐饮企业成功的重要因素之一，它能够为企业创造利润、带来效益。

六、直接性

由于餐饮服务的生产、销售和消费是同步进行的，所以其效果能直接体现出来。这一特点决定了餐饮服务不同于一般商品。因此，在服务过程中如果出现差错，如服务员上菜时不小心把汤汁洒在了客人身上，造成的不良影响，只能通过其他途径予以适当弥补。

细节提示

服务人员在工作中必须具有高度的责任感和良好的服务技能，认真做好自己的本职工作，以达到良好的服务效果。

七、灵活性

客人来自不同的民族、不同的国家和地区，处于不同的层次、不同的文化背景之中，有着不同的年龄、不同的职业、不同的思想意识和道德规范，并且有不同的宗教信仰、风俗礼仪、饮食习惯、生活禁忌和就餐目的、就餐心理，以及不同的性情、口味偏好等。于是，不同的客人必定会在就餐过程中有着不同的需求。

八、差异性

不同的餐饮企业之间的服务存在差异性，即使在同一家餐厅也会因服务对象、服务员、厨师、菜单等的差异或时间的不同，而出现多种多样的服务模式和形态。

九、规范性

随着餐饮业的发展，餐饮服务必须制定统一的服务标准和规范，以不断提高整体服务水平。餐饮企业制定了服务标准和规范，就能有章可循，

餐饮服务具有统一的服务标准和规范。

对服务进行规范化管理，使每位服务员遵照标准，认真贯彻执行各项服务规程，形成统一、规范的服务水准，显示企业的面貌和特色。

第二节　不同类型的客人特点

餐厅的客人来自五湖四海，年龄、性格、身份和消费习惯等各方面都不相同。因此，服务员在为客人服务时要因人而异，并且要对各种不同类型的客人有所了解。

一、不同年龄客人

不同年龄客人的就餐特点，如表3-1所示。

表3-1　不同年龄客人的就餐特点一览表

序号	类别	特点
1	青年客人	青年客人喜欢一些新潮时尚的东西，服务员可以他们推荐餐厅新鲜的菜品或各种不同风味和制作方法的菜品，一般青年人的经济水平不高，因此菜品的价格不要太高。对青年客人的服务应该亲切自然，不必太殷勤但也不能太冷淡，应适度。上菜的速度要尽量快，通常青年人都缺乏耐心，如果等得太久，会让他感到烦躁
2	中年客人	中年客人对食、住要求不高，但对孩子的饮食健康却非常重视。餐厅服务员可多介绍一些营养价值较高又实惠的菜肴，或向小朋友推荐一些新奇有益的饮料
3	老年客人	老年客人吃饭时喜欢热闹的气氛，对工艺品颇感兴趣。服务员应注意保持亲切的笑容，不可讥笑他们。服务员对老年客人的照顾需细心周到，要让他们体会到无微不至的关怀。服务员可向老年客人推荐那些营养价值高、酥软易消化的菜品

二、不同性格客人

不同性格客人的就餐特点，如表3-2所示。

表3-2　不同性格客人的就餐特点一览表

序号	类别	特点	对策
1	活泼型客人	活泼型客人性格开朗外向，善于和人交往，给人一种随和、好相处的感觉，就餐气氛会比较活跃	对于这类客人，服务员要主动热情，多和客人交流，以赢得客人的好感。服务员在和客人沟通时，可以采取积极的推销策略，如推荐一份货真价实的套餐，或主动介绍餐厅的特色菜肴等，能很快得到客人的认同。如果使客人感觉到服务员是在设身处地地为他着想，客人就会对餐厅服务员产生好感
2	急躁型客人	急躁型客人性格比较急，希望提出的服务要求能够马上得到满足；要求服务员有问必答；对服务员提出要求时，喜欢以定性的语言，有时还会用手势加强语气；对服务不满时，很容易生气，但往往过后又会为自己的冲动而后悔。这类客人心直口快、性格直爽	服务员为这种客人提供服务时，要沉着冷静，保持平和的心态，行走迅速、语言简练，对客人提出的任何要求均给予准确的回答
3	稳重型客人	通常稳重型客人对服务的要求很高，这种客人虽然不愿多提要求，但对服务的标准有很严格的要求	餐厅服务员要在服务工作中严格遵循服务程序与标准。严谨的工作作风、专业的操作规范、恰当的语言修辞等，都有助于服务员达到客人的期望

为稳重型客人提供服务，服务员要严格遵循服务程序与标准。

三、不同消费类型客人

不同消费类型客人的就餐特点，如表3-3所示。

表3-3　不同消费类型客人的就餐特点一览表

序号	类别	特点	对策
1	求新型客人	求新型客人喜欢新颖、刺激，追求标新立异，这类客人大多是年轻时尚的人，喜欢追赶潮流，为了追求服务的新颖、别致、刺激，不太注重菜品的质量和价格	餐厅菜点的新品种、服务的标新立异都对这类客人具有很强的吸引力
2	信誉型客人	信誉型客人注重在服务时获得良好的心理感受。他们在接受服务和进行消费时，非常看重餐厅的菜品特色，以及能否提供清洁、安全、舒适的环境，以使自己获得满意且愉快的心理感受	这类客人对餐厅的设施和价格并不过分苛求，但对脏乱的环境和冷漠的服务态度会心存不满，他们认为人们就餐应该是一个快乐、放松的过程，他们要求得到满意、愉快、舒畅的心理感受和美好的记忆。因此，服务员在为这类客人服务时要特别小心
3	享受型客人	享受型客人大都有一定的社会地位和经济基础，喜欢生活的物质享受，注重品位。他们乐于显示自己的地位或富有的形象，是高档菜点和高级包间雅座的消费者	为了满足享受型客人的需要，餐厅不仅要提供高水平的设备和饮食，还要求服务员提供全面、优质的服务
4	便利型客人	便利型客人注重服务场所和服务方式的便利，希望在接受服务时能方便、快捷，并讲究一定的质量。这类客人大都时间观念强，最怕的是排队、等候和服务员的漫不经心、不讲效率	服务员在为这类客人服务时，要处处为客人着想，为他们提供便利、快捷、高质量的服务
5	求廉型客人	求廉型客人非常关注商品的价格，希望得到物美价廉的物品。这类客人都很节俭，处处精打细算，不喜欢浪费，他们非常注重饮食制品和服务收费的价格，而对质量没有太多的要求	服务员在为这类客人服务时，要以中、低档的服务项目满足他们的需要

四、国内不同地区客人

国内不同地区客人的就餐特点，如表3-4所示。

表3-4　国内不同地区客人的就餐特点一览表

序号	类别		特点
1	南方客人	上海人	上海人口味较清淡，对饮食很讲究，喜欢吃新鲜、细嫩的蔬菜，尤其偏爱油菜。上海人一日三餐中，早餐多爱吃泡饭，午、晚两餐则以米饭为主食，辅以各种炒菜；吃面条时，也讲究清淡
		湖南人	湖南人喜欢吃辣，一日三餐都离不开辣椒。早餐主要有馒头和面条，午、晚两餐多为大米，对卫生要求较高
2	华北客人	北京人	北京人是北方人的代表，他们口味偏重，绝大多数人喜爱爆火炝锅，而且少不了葱、姜、蒜作调料。主食主要有馒头、面条、饺子、米饭、烙饼等。早餐常为油饼、豆浆、牛奶、豆腐脑，午、晚两餐讲究热饭热菜
		天津人	天津人喜欢吃米饭，喜欢海鲜食品。早点多以豆腐脑为主，喝咸味豆浆，吃果子煎饼等。此外，天津人对本地的一种面食"狗不理"包子尤为偏爱
3	西北客人	陕西人	陕西人以面食为主食，菜肴的主要调味品是胡麻油。此外，陕西各地的居民生活习惯也有差异，西安地区素以羊肉烩馍闻名；陕南人对米和米粉皮尤其偏爱
		甘肃人	甘肃人的主食也是面食，而且制作方法很多，主要有"臊子面"、"拉面"、"浆水面"等
4	西南客人		西南地区的客人以四川人为代表。四川人喜欢麻辣，爱吃火锅，除此之外，亦崇尚厚味、多味，味型广泛，如咸鲜、鱼香、糖醋、香糟、怪味、豆瓣、红油等。四川人以米饭为主食，也喜吃面、米粉等

五、少数民族客人

部分少数民族客人的饮食习惯，具体如表3-5所示。

表3-5 部分少数民族客人的饮食习惯一览表

序号	民族	饮食习惯
1	蒙古族	（1）蒙古族人性格豪放直爽、热情好客，喜欢喝马奶酒 （2）饮食多以牛、羊肉及奶食、炒米为主，辅以粮食、蔬菜
2	维吾尔族	（1）以烤、煮、焖为主要烹调方法，以烤羊肉串、锅烤肉、烤全羊最具代表性，烤馕、抓饭是最常见的饭食 （2）忌食猪、狗、驴、骡之肉和自死的禽畜肉及动物血，在南疆地区还忌食马肉和鸽子肉
3	藏族	（1）藏族人的主食为糌粑、酥油茶和青稞酒 （2）忌食马、驴、狗等肉
4	回族	（1）忌食猪肉、狗肉、驴肉、骡肉等；不吃动物血以及自死的畜禽 （2）信仰伊斯兰教的人不喝酒、不吸烟

六、不同国别客人

不同国别客人的就餐特点，如表3-6所示。

表3-6 不同国别客人的就餐特点一览表

序号	国别	特点
1	美国客人	（1）美国人谈吐幽默、性格开朗，对人有礼貌，不喜欢繁文缛节，以不拘小节而著称。美国人的饮食习惯比较随意，口味清淡，对菜的要求是量小、质高、咸中带甜，烹调以烤、煎、炸等方法为主 （2）大多数美国人怕热不怕冷，注意室内外卫生。美国人站立谈话时，习惯保持一定的距离。餐厅服务员在表示惊讶时，不要伸舌头，否则会被看做是侮辱人的举动
2	英国客人	（1）英国人口味清淡，喜欢甜酸、微辣、鲜嫩，对菜的数量要求不高，但特别讲求质量，注重营养成分，注重菜肴的花样和制作，如色、香、味、形等。英国人喜吃牛肉、羊肉、鸡、鸭、蛋、鱼、野味、牛奶、奶油、水果和各种蔬菜，不愿吃带汁、过辣的菜肴，不吃狗肉

序号	国别	特点
2	英国客人	（2）英国人进餐时先喝酒，爱吃烤面包、甜点心，喜欢吃奶油蛋糕 （3）鸡蛋烹制方法一般为煎、煮、炒，但要放火腿、咸肉、西红柿和菠菜等
3	法国客人	（1）法国人吃菜讲究色、香、味，注重营养均衡，并以肉食为主，喜欢吃猪肉、牛肉、羊肉、鸡、鱼、虾、蛋及各种蔬菜，不喜欢吃辣椒 （2）法国人喜欢喝酒，并且对饮酒很有讲究，法国的酒类品种繁多，质优味美。法国人喜欢喝"下午茶"和矿泉水。晚餐喝薄荷茶，餐后喝咖啡、红茶，吃水果、雪糕
4	德国客人	（1）德国人率性坦诚，注重礼节，注重绅士风度。在吃的方面不是很讲究。德国人早餐相当简单，吃面包，喝咖啡，有时再加上些切成薄片的灌肠和火腿。午餐和晚餐经常只吃一碗汤和一道菜，午餐是正餐，相对较重视，对中国菜很感兴趣。烹调喜欢多放油，口味偏酸甜，不爱辣 （2）德国人的主食有土豆、大米或面条，更多的是用肉类作主食；肉的烹调方法有红烧、煎煮、清蒸和制汤等。他们还爱吃野味、家禽、各种水果和蔬菜。德国人喝咖啡和葡萄酒，但主要的饮料是啤酒，大多数德国人吃饭时都要先喝啤酒
5	日本客人	日本人性格内向，感情细腻，注重礼节。日本人的日常饮食主要有三种：第一种是传统的日本饮食方式，又称"和食"；第二种是中餐；第三种是西餐。日本人的口味多为咸、鲜、清淡少油、稍带甜酸和辣味，爱吃拌、炒、蒸的菜肴。饭后喜喝清茶
6	俄罗斯客人	俄罗斯人口味浓重，一般以咸、油腻为主，喜咸酸味，不怕油腻，也喜欢吃酸的食品。俄罗斯人的主食是面包和肉类，以各种烤制品为主，俄罗斯人大多喜食黑面包，对肉类、蛋、萝卜、西红柿、圆白菜、生菜、土豆、酸奶、奶渣、鱼、虾等均喜欢

第三节 中餐菜系基础知识

菜系是指菜肴体系。餐厅服务员只有充分了解了菜系，才能在介绍菜品时，因人、因需准确介绍、成功推荐，满足客人的消费需求。

一、鲁菜

鲁菜是山东菜的简称，由济南、胶东地区（包括烟台、青岛）的地方菜组成。鲁菜的特点是口味鲜、形态美，加工精细，功在火候。

（一）鲁菜的技法

鲁菜的技法向来以爆、炒、炸、熘、煽、焖、扒见长。尤以"爆"、"煽"为世人称道。鲁菜的"爆"法，可分为油爆、汤爆、葱爆、酱爆、芫爆等多种方式。用"爆"制菜需旺火速成，是保护营养素最佳的方法之一。

"煽"是鲁菜独有的方法。菜品的用料要提前腌渍入味，或夹入馅心，再沾粉或挂鸡蛋糊，用油两面煽煎至金黄色时，再放入调料和清汤，以慢火收尽汤汁。其代表菜"锅煽豆腐"、"锅煽鱼扇"皆为众多客人所偏爱。

锅煽豆腐是鲁菜中为众多客人所偏爱的菜品。

（二）鲁菜味型

鲁菜的"味"体现在咸、鲜、酸、甜、辣等味型上，其特点如表3-7所示。

表3-7 鲁菜味型特点一览表

序号	味型	特点
1	咸	咸被视为鲁菜系的基本味，是将盐作调和五味的根本。济南菜多用盐水，这比用盐调味更均匀。此外，还采用酱、酱油、豆豉、豉汁、腐乳等由盐衍生出来的调味品

序号	味型	特点
2	鲜	多来源于"清汤"、"奶汤"。除甜菜外，所有菜在炒制中都要用"汤"。在爆炒、清炒、熘、煽的烹调方法兑汁中，都要加入"清汤"。在"白扒"菜中都要加入奶汤
3	酸	基本上取决于醋。在菜品中醋不仅有酸味，更要取其香味。用热油先烹醋，待香味挥发出来再放主料。鲁菜中的"糖醋瓦块鱼"的糖醋汁即属甜酸味型。在汤汁中直接加醋而取其酸，酸味浓。如"醋辣鱼"、"醋酸鱼块"、"山东蒸丸"皆属酸味较浓的菜肴
4	喜葱蒜及其辣	这是山东人的一种特殊嗜好。大葱以章丘最为有名，味甘而辛，可生食，用生葱蘸甜面酱更别具风味。这种吃法随山东名菜"烤鸭"、"锅烧肘子"、"清炸大虾"等进入高档宴席。鲁菜喜欢以葱香作调味，不论是爆、炒、烧、熘还是调汤都以葱蒜炝锅

二、川菜

川菜以成都、重庆两地为代表。川菜常用烹制方法有30余种，其中尤以小煎、小炒、干烧、干煸独具特色。

每种制备方法都有独特、完整的工艺要求。同一种烹调方法，因原料、味别的差异，其菜式制法又各具特色，如炒有生炒、熟炒、小炒、软炒几种，一种炒法之中又可分贴锅炒、沙炒、盐炒、油炒。

（一）川菜独有烹制方法

小煎、小炒、干煸、干烧为川菜独有的烹制方法。小煎、小炒时不过油，不换锅，急火短炒一锅成菜。菜品鲜而不生，滚烫喷香。干烧时微火慢烧，用汤不满不欠自然收汁，口味浓而不酽。干煸时中火旺油、反复煸炒，菜品以酥制韧，散发干香之味。

（二）川菜味型

川菜的"味"尤为突出。四川产有独具特色的调味品，如郫县辣豆瓣、自贡川盐、保宁食醋、潼川豆豉、涪陵榨菜、新繁泡姜和泡辣椒等都是川菜常备的调料。川菜有"一菜一格、百菜百味"的美誉，其中"格"和"味"都是这些独特的调味品调制出来的。用厨师的技艺可将单一味道调制出咸、鲜、糖醋、鱼香、家常、陈皮、怪味等各具特色的复合味。

怪味、鱼香味、家常味是四川菜独到的三大味型。

（1）怪味，是用姜、蒜、葱、白糖、花椒面、红油、醋、白酱油、芝麻油、味精等10余种调料调成的。其味要求集甜、麻、辣、香、鲜于一体，不能突出某一味，而要味中有味、重叠和谐。

（2）鱼香味，要求成菜味中咸甜酸辣四味兼有，突出的香味是葱、姜、蒜味。

（3）家常味，其基本味型是咸鲜微辣，其味浓淡随菜式所需而定。

麻婆豆腐是川菜中最具代表性的菜品之一。

三、粤菜

粤菜也称广东菜，由广州、潮州、东江三地的风味菜肴组成，特点如表3-8所示。

表3-8　粤菜特点一览表

序号	地区	特点
1	广州菜	广州菜包括肇庆、韶关、湛江等地风味。其特点是取料广、选料精、配料奇、技艺精、善变化、品种多，品味讲究清鲜、嫩脆、滑爽。特别擅长炒、煎、炆、炸、煲、炖、扣等技法。主要代表菜有"龙虎凤烩"、"白云猪手"、"蚝油网鲍片"、"红烧大群翅"等
2	潮州菜	潮州菜接近闽粤，汇两家之长自成一派。刀工精细，善烹海鲜，汤菜尤具特色。口味偏重香、浓、鲜、甜、清醇。汤菜爱用鱼露、沙茶酱、梅子酱、红醋等调料。制备方法以焖、炖、烧、焗、炸、蒸、炒、泡等技法最为擅长。其代表菜有"柠檬炖鸭"、"潮州烧鹅"、"鲜炸蟹塔"等
3	东江菜	东江菜又名客家菜，其饮食习俗仍保留中原固有的风貌。原料多用肉类，极少用水产。主料突出，用油重，口味偏咸，朴实大方，以砂锅菜见长，以烹制鸡、鸭著称。有独特的乡土风味。烹调方法多而善变，常用蒸、炖、烩等方法。其主要代表菜有"东江盐焗鸡"、"东江全鸭"、"煎酿豆腐"、"东江鱼丸"等

粤菜中广州菜的代表菜品——白云猪手。

东江盐焗鸡是粤菜中东江菜的代表菜品之一。

四、苏菜

苏菜是江苏菜的简称，其影响遍及长江中下游广大地区。苏菜主要由淮扬菜、金陵（江宁）菜、苏锡菜和徐海菜四个流派组成。

（一）淮扬菜

淮扬风味菜以扬州、两淮（淮阴、淮安）为中心，以大运河为主干，南至镇江，东至南通，北至盐城。菜肴口味以清淡见长，咸甜适中，味和南北。在扬州，不仅保存了大量的传统菜，也创新了许多佳味。如"三套鸭"、"将军过桥"、"醋熘鳜鱼"、"文思豆腐"，都是有口皆碑的名菜。两淮鳝鱼席久负盛名，其中以"炝虎尾"、"生炸蝴蝶片"、"炒软兜"最为有名。镇江的鲥鱼、刀鱼、鳜鱼

清炖蟹黄狮子头是苏菜中淮扬菜的代表菜品之一。

菜肴远近驰名，清蒸鲥鱼则是席上珍品。南通以烹制海鲜、水产、禽类菜肴闻名于江苏，最知名的菜肴有"清炖蟹黄狮子头"、"珊瑚虾仁"、"天下第一鲜"等，闻名海内外。

（二）金陵（江宁）菜

金陵（江宁）风味菜又称"京苏大菜"，指南京菜。南京菜中（金陵的画舫船宴尤具特色），在口味上兼取四方之美，适应八方之味，擅长焖、炖、叉烧、烤等，以

滋味柔和、醇正适口为特色。其代表菜有"金陵桂花鸭"、"拆烩鲢鱼头"、"炖蒸核仁"、"金陵扇贝"等。

（三）苏锡菜

苏锡风味菜以苏州、无锡为中心。春秋时期，苏锡菜最著名的菜肴是吴国堂邑专诸所做的"金鱼炙"。到了唐代，苏锡菜转变为重火候，善用炖、焖、煨、焐等技法，多以水产贝虾为主。并兼取爆、炒、煎、炸等技法，使其更为丰富多彩，细腻玲珑，其口味由重甜、浓油、咸鲜逐渐趋向清新爽口，浓淡适宜，注重造型。其名菜有"碧螺虾仁"、"雪花蟹斗"、"松鼠鳜鱼"、"鸡茸蛋"、"香脆银鱼"、"镜箱豆腐"、"常熟叫化鸡"。

苏菜中苏锡菜的代表菜品——松鼠鳜鱼。

（四）徐海菜

徐海风味菜是指由徐州沿东陇海线至连云港一带的地方风味菜。

徐海人爱食羊肉，冬吃三九，夏吃三伏，几乎所有餐厅都有羊肉菜肴。徐海菜口味主要以咸鲜为主，特别注重原汤原味，一菜一味。夏季清炎兼辛，冬季浓重，以猪、羊、鸡和冬令时蔬制作菜点。在烹饪技巧上徐海菜精于炒、爆、熘、干炸。"糖醋黄河鲤鱼"这道菜在徐海享有盛名，徐海酒宴素有"无鲤不成席"之说。

总之，江苏菜系的特点为选料严谨，制作精细，因材施艺，四季有别。其烹调注重炖、焖、蒸、炒、烧，善调汤，保持原汁原味，汤汁应用面广，淡而不薄，浓而不腻。菜品酥烂脱骨而不失形，滑嫩爽脆而不失其质。

五、浙菜

浙菜由杭州、宁波、绍兴、温州四个地方的风味菜肴组成，特点如表3-9所示。

东坡肉是浙菜中杭州地区的风味菜肴之一。

表3-9　浙菜特点一览表

序号	地区	特点
1	杭州菜	杭州菜是浙菜的主流。传承南宋以来历代名厨的技艺，菜肴制作精细，清鲜爽脆，淡雅细腻，带有古都的典雅特色；以"西湖醋鱼"、"东坡肉"、"龙井虾仁"、"生爆鳝片"、"干炸响铃"、"油焖春笋"、"宋嫂鱼羹"、"叫花童子鸡"、"西湖莼菜汤"等菜最为有名
2	宁波菜	宁波菜以鲜咸为基础，注重保持原汁原味。用料实在，色泽和口味较浓。因宁波濒临东海，故以烹制海鲜为擅长。宁波名菜有"雪菜大汤黄鱼"、"锅烧鳗鱼"、"黄鱼羹"、"冰糖甲鱼"、"目鱼大烤"、"三丝拌蛤"等
3	绍兴菜	绍兴菜以绍兴酒糟烹制的糟菜而著称，菜肴香酥糯绵，汤浓味重。绍兴菜以河鲜、家禽为主，具有浓厚的乡村风味，代表菜有"糟鸡"、"糟熘虾仁"、"干菜焖肉"、"绍兴虾球"等
4	温州菜	温州在我国古代历史上称"瓯"，素以"东瓯名镇"著称。"瓯菜"以烹制海鲜见长。口味清淡，淡而不薄；烹调讲究"二轻一重"（即轻油、轻芡，重刀工），其代表菜有"爆墨鱼丝"、"网油黄鱼"、"炸熘黄鱼"、"蒜子鱼皮"等

六、徽菜

徽菜是安徽菜的简称。徽菜由皖南、沿江和淮北三种地方风味菜组成。其中皖南风味以徽州地方菜为代表，是徽菜的主流和渊源。

（1）徽菜以烹饪山珍野味著称，擅长烧、炖，讲究火工，并惯以火腿佐味、冰糖提鲜，善于保持原汁原味。不少菜都用木炭火单炖，不仅体现徽菜的古朴典雅风貌，而且菜香四溢，诱人食欲。其代表菜有"火腿炖甲鱼"、"冰糖香莲"、"红煨鱼翅"、"清炖马蹄鳖"、"黄山炖鸡"等。

清炖马蹄鳖是徽菜著名风味菜肴。

（2）沿江风味盛行于芜湖、安庆、合肥等地区。以烹调河鲜、家禽见长，讲究刀工，注重造型，以糖调色，其烟熏技术别具一格。其菜肴具有酥嫩、鲜醇、清爽、浓香的特点，代表菜有"毛峰熏鲥鱼"、"清香砂焐鸡"。

（3）淮北风味主要由蚌埠、宿县、淮北等地菜式构成。其风味特点是咸中带辣，汤汁口重、色浓，惯用香菜作佐料和配色。其烹调长于烧、炸、熘，菜品质朴、酥脆、咸鲜、爽口。闻名全国的"符离集烧鸡"、"葡萄鱼"、"奶汁肥王鱼"、"香炸琵琶虾"等是当地著名风味菜肴。

香炸琵琶虾是淮北著名风味菜肴。

七、湘菜

湘菜是湖南菜的简称。湘菜由湘江流域、洞庭湖畔、湘西山区等地的风味菜肴汇集而成。

（一）湘江流域

湘菜以湘江流域的风味菜肴为主要代表。以长沙、湘潭、衡阳为中心的湘江流域的风味菜肴是其主流，其特点是用料广泛、制作精细、品种多样、油重色浓，制作上以炒、蒸、腊、炖、煨等技法见长，口味则注重酸辣、香鲜、软嫩。其代表菜有"东安子鸡"、"冰糖湘莲"、"紫花脱袍"、"糖醋脆皮鱼"等菜式。

（二）洞庭湖畔

洞庭湖畔的风味菜肴善用炖、烧、腊等技法，以烹制河鲜和家畜家禽著称。其特点是芡大油重，咸辣香软，代表菜有"麻辣子鸡"、"剁椒鱼头"、"五元神仙鸡"等。

（三）湘西风味

湘西风味菜肴擅长烹制山珍野味、烟熏腊肉和腌肉，其口味侧重咸香酸辣，有浓郁的山乡特点。其代表菜有"炒腊野鸭条"、"腊味合蒸"、"湘西酸肉"等。

剁椒鱼头是湘菜中洞庭湖畔风味菜肴。

湘菜最突出的地方风味特色是以辣味菜和熏、腊制品居多。因湖南的气候温暖潮湿，所以人们喜爱食用可祛风、除湿的辣味食品，而食品经熏、腊后容易保存且别具风味。

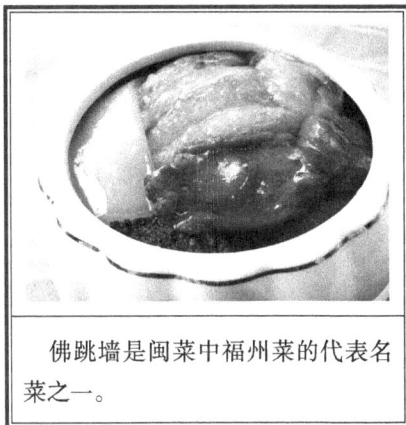

佛跳墙是闽菜中福州菜的代表名菜之一。

八、闽菜

闽菜又称福建菜。福建各地的自然条件不同，其民间食俗也有很大差异。依据各自不同的风味特色，闽菜可分为福州菜、闽南菜、闽西菜等，特点如表3-10所示。

表3-10　闽菜的特点一览表

序号	地区	特点
1	福州菜	福州菜是闽菜的代表，在以福州市为中心的闽东、闽北地区比较流行。福州菜形成于南宋时期。当时中原士族南下，带来了中原及苏杭菜的技艺，又不断吸收北方菜、江西菜、徽菜、湘菜、粤菜等特点，使自身特色日臻完善。其特点是清淡、鲜美、爽口、偏甜、偏酸，特别讲究汤菜制作。其代表名菜有"佛跳墙"、"淡糟炒香螺片"、"鸡汤氽海蚌"等
2	闽南菜	闽南菜主要分布在晋江、泉州、厦门、漳州等闽南沿海地区，以烹饪海鲜见长。其选料严谨，讲究调味，操作仔细，炒、炸、熘、焖、蒸、煨、炖等技艺突出。其菜品具有鲜、浓、香、烂等特色。口味略带甜、酸、辣，善用沙茶、芥末作调味品。其名菜有"龙身凤尾虾"、"沙茶焖野鸡"、"沙茶炒牛肉"、"通心河鳗"、"芙蓉鲟鱼"等
3	闽西菜	闽西菜一般称客家菜，主要分布在闽西山区。其特点是有浓郁的南方山区色彩，用料多采自山区出产的笋、菇、芋、薯、鸡、鸭、猪、牛、羊和鹿、蛇、鱼、虾、龟、鳖等。刀工粗犷，调味品少，风味纯正，鲜美偏咸。一般菜肴都碗大量大，以显示客家人的热情好客。其代表菜有"麒麟脱胎"、"爆牛七品"、"太极芋泥"等

第四节　西餐菜系基础知识

西餐起源于意大利及其周边国家，以法国菜为核心，其膳食结构以肉、禽、蛋、奶、面粉为主，烹饪技艺讲究，进餐用刀具或叉子。

一、法国菜

法国菜烹调考究，以味美、精致、多样闻名。法国菜口味偏重，以肥、浓、酥、烂为特色，多用牛肉、蔬菜、禽类、海味和水果为原料。喜生食，不吃辣食，喜食鹅肝。典型的代表菜有"鸡色拉"、"马令古烩鸡"、"红酒焖牛肉"、"鸡肝牛排"、"焗田螺"等。

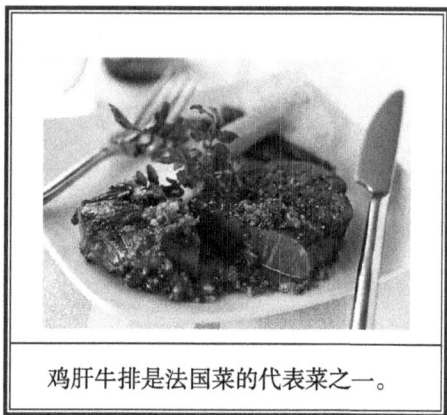
鸡肝牛排是法国菜的代表菜之一。

二、英国菜

英国菜讲究鲜、嫩，口味清淡少油。菜量少而精。一般调料很少用酒、香料和其他调味酱，一般用盐、胡椒粉、醋、辣酱油、色拉油、芥末沙司、番茄沙司等。这些调料一般都放在桌子上，客人可自由取用。英国菜喜用煮、铁扒的方法，常以水产、海鲜和蔬菜为原料，典型的代表菜有"英式羊排"、"烧牛肉"、"英式煎猪肝"、"英式烤羊腿"。

三、意大利菜

意大利菜味浓香烂，重原汁原味，烹调方法以炒、煎、炸、红烩、红焖闻名，调味品以番茄汁、橄榄油为主。意大利面条有40多种，可见该国对面食的偏爱。其典型代表菜有"红焖鸡"、"烩明虾"、"铁扒干贝"、"通心粉土豆汤"、"钦差汤"、"乡下浓汤"等。

四、美国菜

美国菜讲究香熟，如煎蛋需煎至两面发黄。口味喜好咸里带甜，忌辣味，常用水果作配料。其典型菜有"华道夫沙拉"、"菠萝焗火腿"、"苹果烧鹅"、"什锦铁扒"等。

五、俄国菜

俄国菜重酸奶油，口味突出咸、酸、辣、香，制作简单，讲究实惠，以面包为主食。其典型菜有"番茄焖牛肉"、"烤牛仔腿"、"开夫鸡"、"罗宋汤"、"串烧山鸡"等。

罗宋汤是俄国菜的典型菜品之一。

六、德国菜

德国人喜食腌渍肉食品，香肠种类繁多，其配菜主要是腌渍的卷心酸菜，吃肉必配酸菜，还喜食土豆，土豆沙拉花式繁多，也喜食野味。其典型代表菜有"焖酸牛肉"、"汉堡牛排"等。

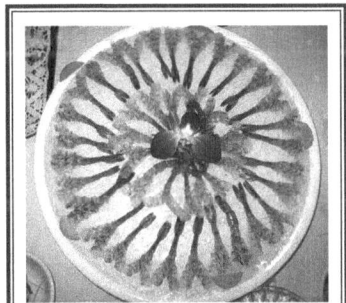

明虾刺身是日本菜的典型菜品之一。

七、日本菜

日本菜味道鲜美清淡，保持原味，喜甜而不重油。其主料多用海鲜，其次为牛肉。禽蛋、猪肉较少用。其烹调方法为蒸、煮、炸、烤、拌、炖等，喜生食鱼鲜。主要配料有海带和紫菜，代表菜有"酱汁烤鱼"、"明虾刺身"。

八、土耳其菜

土耳其菜是清真菜的代表。其主食有面粉、大米，菜肴的主料为牛肉、羊肉、鸡肉、鱼及各种蔬菜，典型菜肴有"冰冻酸奶黄瓜汤"、"手抓羊肉"等。

第五节　酒水基础知识

一、酒

（一）中国名酒

中国传统十大名酒是贵州茅台酒、四川五粮液、山西汾酒、贵州董酒、四川剑南春、泸州大曲、江苏洋河大曲、安徽古井贡酒、山西金奖白兰地、山西竹叶青。现将其中六种予以简单介绍，如表3-11所示。

表3-11　中国六大传统名酒及其特点一览表

序号	类别	特点
1	茅台酒 （酱香型）	茅台酒产于贵州省仁怀县茅台镇，酿造原料是优质小麦和红高粱。用水取自高山深谷的深井水，因而酒液纯净透明，酱香突出，酒体醇厚，幽雅细腻，饮后空杯留香，回味无穷
2	汾酒 （清香型）	汾酒产于山西汾阳县杏花村，以当地高粱为原料，取村中清澈纯净井水酿制而成。其酒液晶莹透明，清香味美，酒味甜醇，酒质纯净，酒力强健而无刺激性。适量饮用能促进血液循环，消除疲劳，使人心旷神怡
3	五粮液 （浓香型）	五粮液产于四川省宜宾市，以高粱、糯米、大米、玉米和小麦为原料，用取自岷江江心的纯净江水酿成。其酒液清澈透明，柔和甘美，沾唇无强烈的刺激性，落喉净爽，各味皆谐，具有独特的风格
4	剑南春 （浓香型）	剑南春产于四川省绵竹市，以高粱、大米、糯米、玉米、小麦为原料酿成，品质优良
5	古井贡酒 （浓香型）	古井贡酒产于安徽省亳县，以本地高粱为原料，用大米、小麦、豌豆制曲，加上古井佳水，酿制的酒液清澈透明如水晶、香醇如幽兰，倒入杯中黏稠挂杯，入口酒味醇和，浓郁甘甜，余香悠长，适量饮用有健胃、祛劳、活血之功效
6	洋河大曲 （浓香型）	洋河大曲产于江苏省泗阳县洋河镇，以精选的江苏优质高粱为原料，以小麦、大麦、豌豆为糖化发酵剂，采用当地著名的"美人泉"之清澈泉水酿成。酒液清澈、酒质醇厚、余味爽净

（二）洋酒介绍

洋酒历史悠久，品种繁多，著名的产酒国和地区有法国、意大利、德国、奥地利、希腊、西班牙、马德拉岛、葡萄牙、匈牙利、智利、美国、日本、澳大利亚等。下面介绍比较有名的部分洋酒，如表3-12所示。

表3-12　洋酒的种类及其特点一览表

序号	类别	特点
1	白兰地 （Brandy）	白兰地是用葡萄或水果发酵后蒸馏而成的一种烈酒，蒸好的酒需放在橡木桶里经过相当时间的贮藏。白兰地以法国康涅克地区产的为最好 白兰地较为著名的牌子有人头马、马爹利、轩尼诗、爱之喜、长颈FOV、御鹿、拿破仑、百事吉等
2	威士忌 （Whisky）	威士忌多以大麦、玉米为原料，用麦芽为糖化剂，经糖化、发酵、蒸馏而成。可与汽水、柠檬配饮。常见的威士忌有皇家芝华士、海格、波威尔、吐拉摩、四玫瑰、美国黑威士忌、王冠
3	伏特加酒 （Vodka）	伏特加酒通常用马铃薯或多种谷物作原料，经发酵、蒸馏过滤而成。酒度高达90°以上，是一种烈性酒，无色无味很提神。常见的伏特加酒有兰出、波尔斯卡亚、哥萨克、斯米诺夫
4	琴酒 （Gin）	琴酒，又称金酒、毡酒、松子酒，用75%的玉米、15%的大麦芽、10%的其他谷物经过搅拌、加热、发酵，再用连续蒸馏器来蒸馏。蒸馏出的酒含180～188个酒精纯度单位，再加入蒸馏水，降低到120个酒精纯度单位，然后在琴酒蒸馏器中加上香料再蒸（这些香料有胡荽、苦杏仁、小豆蔻、杜皮、白芷、柠檬和橙皮及主要的杜松莓）。常见的琴酒有波尔斯（bols）、波克马（bokma）、博士（bootm's）、戈登斯（gordo's）、比费特（beefeater）、哥顿（Gordom's）
5	兰姆酒 （Rum）	兰姆酒是用甘蔗酿制而成的，常见的如百加地（bacardi）、船长酿（captain'sreserve）
6	甜酒 （Ligueurs）	甜酒又称利口酒，一般叫做"力乔"。其制法是在白兰地、威士忌、兰姆、琴酒、伏特加、葡萄酒中加入一定的"加味材料"，如果皮、砂糖、香料等，经蒸馏、浸泡、熬煮而成。常见的有方利咖啡酒（Tia Mafia）、克罗克咖啡酒（Kahhla）、金万列香橙白兰地（Grand·Mamier）、绿薄荷酒（peppermint Green）、鲜橙甜酒（Orange Curaeao）

序号	类别	特点
7	烈口（加香料甜酒）	烈口和加香料是同义的。这是一种用蒸馏法重新提取的中性烈酒和水果、花卉、香草、种子、植物根、植物或其他甜的和有颜色的汁混合起来制成的具有高浓度的甜香味的酒。常见的有艾酒（Absinthe）、紫罗兰甜酒（Creme de riolette）、河曼、毕康（Amer、Picon）、柑香酒（Curacao）、樱桃酒、杏子酒、香蕉酒、可可香草甜酒等
8	香槟酒	香槟酒是一种含气体的葡萄酒。味甜，不含高量酒精，很受大众喜爱。常见的有宝林歇（bollinger）、莫埃武当（moet chandon）
9	日本米酒	日本米酒的制法近似于中国的黄酒，一般是先洗料、蒸煮、发酵、加饭、过滤、陈酿，后提取而成。常见的有呋酊、屠苏、清酒

（三）啤酒

1. 国内名牌啤酒

我国的名牌啤酒很多，如青岛、五星、雪花、珠江、金威等，现在选择几种品牌介绍如下。

（1）青岛啤酒

青岛啤酒的生产始于1903年，产于山东省青岛市，属淡色啤酒，酒度为3.5°，原麦汁浓度为12°，这种啤酒是选用较好的大麦为原料，先制成麦芽，再经糖化，制造时添加该厂自己生产的优质酒花，经煮沸、冷却发酵、贮藏等工序制成。产品的特点是色淡黄，清澈透明，泡沫洁白，细腻而持久，具有显著的酒花麦芽清香及酒花特有的苦味，饮时爽口。

青岛啤酒。

（2）五星啤酒

五星啤酒是北京双合盛啤酒厂的产品。它选用优质麦芽、优级酒花，用上等大米为原料，操作工艺精细，它的酒度为3.5°，麦芽汁浓度为14°。五星啤酒的酒液为淡黄色，清亮透明有光，二氧化碳充足，泡沫洁白细腻、持久，有浓郁的酒花香和麦芽香，口感醇浓、爽口。

2. 外国名牌啤酒

国外较为著名的啤酒品牌有慕尼黑啤酒、多特蒙德啤酒、比尔森啤酒、司陶特啤酒等。

二、茶

（一）乌龙茶

乌龙茶以福建产的最为著名：其中"岩茶"是珍品，以武夷山产的最好；"铁观音"为优良品种，以安溪县产的最佳；"水仙"是上品，以崇安、建瓯产的最有名气。乌龙茶的最大特点是香气馥郁、回味悠长、耐冲泡，有减肥美容之妙用。

（二）碧螺春茶

碧螺春茶以江苏吴县太湖之滨的东西洞庭生产的最佳，其主要特点是条索纤细、卷曲成螺、茸毛披覆、银绿隐翠、泡水碧清，伸展的叶子如雀舌，味醇气芬芳。

（三）龙井茶

龙井茶产于杭州郊区和西湖附近，有狮峰龙井、梅坞龙井、西湖龙井三个品级，以狮峰龙井最佳。其主要特点是色绿、香郁，味甘醇，形美，水色清亮。

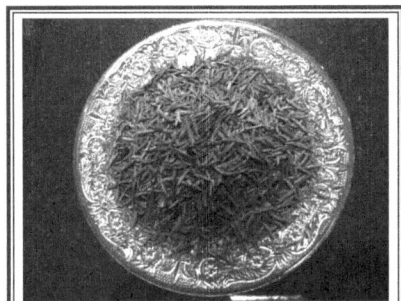

碧螺春茶以江苏吴县太湖之滨洞庭产的最佳。

（四）普洱茶

普洱茶主要产于云南省勐海县，其主要特点是条索肥壮、茶嫩多白毫、色泽青绿、滋味醇厚、香气独特、耐冲泡，具有明显的药疗效果，可助消化、化痰去湿、暖胃生津。

（五）云雾茶

云雾茶是江西庐山的特产，主要特点是味醇、色秀、香馨、液清。

（六）君山银针茶

君山银针茶以湖南岳阳君山产的最为著名，其主要特点是芽头苗壮、紧实而挺立，茶芽的长短大小均匀，白毫显露，形如银针，内呈金黄色。冲泡后香气清鲜、汤色橙黄、叶底明亮、茶叶甘醇、清香可口。

（七）祁红茶

祁红茶以安徽祁门一带产的最有名，是世界名茶。其特点是外形紧细、色泽油润、香气浓烈、味厚甜和、水色红亮。

（八）毛尖茶

毛尖茶是河南省的著名特产，尤以信阳地区的最佳，故又称信阳毛尖。其主要特点是外形紧细、峰苗挺秀、芽叶鲜嫩、水色清绿、滋味醇厚、香气清远。

（九）黄山毛峰

黄山毛峰以安徽歙县黄山产的为珍品，其主要特点是芽叶肥壮、身披银毫、油润光滑、色似象牙、茶汤清澈、醇香鲜爽、回味甘甜。

（十）滇红茶

滇红茶以云南西双版纳产的最好，在全世界享有盛名。其特点是条索肥壮、毫尖金黄色、滋味浓厚、水色鲜艳带金黄色。

（十一）茉莉花茶

茉莉花茶以福建省福州市产的最佳，其主要特点是外形美、汤色清、香味浓。

（十二）猴魁茶

猴魁茶产于安徽黄山山脉的猴坑，主要特点是白毫多而不露、茶色苍绿、香气高爽、味浓而带甜，属茶中珍品。

滇红茶以云南西双版纳出产的最佳。

三、咖啡

（一）法式咖啡

法式咖啡的煮法，主要包括以下几个步骤。

（1）将咖啡放入壶内，注入水，咖啡与水的比例是1：30，上火煮沸后再用微火煮10分钟，过滤后倒入另一壶内。

（2）上台时将咖啡倒入碗内，另将烧开的鲜牛奶和罐头牛奶装入奶罐内搅匀单独端上。

（3）煮咖啡的壶一定要刷干净，切勿带油。咖啡必须煮10分钟才浓、香，煮的时间太长则无香味，且色泽黑灰。

（二）皇家咖啡

煮皇家咖啡时，首先将咖啡杯加热，倒入冲好的咖啡。然后，将方糖放在皇家咖啡的专用银匙上，再加白兰地，在方糖上点火，燃烧一分钟左右，火焰熄灭后，趁热将有酒味的糖稀调入咖啡，再在表面上装饰一点奶油，即可。

（三）维也纳咖啡

煮维也纳咖啡，首先将咖啡杯加热，加两茶匙砂糖。然后，将冲好的咖啡加入杯内至七成满，挤入打过的奶油，浮在咖啡上，在奶油上淋少许巧克力膏。最后，在巧克力膏上点缀五彩巧克力糖。

（四）爱尔兰咖啡

在爱尔兰咖啡杯中加入30毫升爱尔兰威士忌及两茶匙砂糖，置于酒精炉上加热并不断转动杯身以使玻璃杯受热均匀，等砂糖完全溶化后注入热咖啡，再加上打泡奶油。爱尔兰咖啡是一种世界著名的咖啡混合饮品。

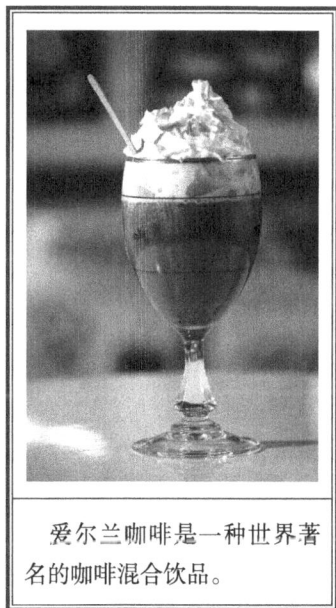

爱尔兰咖啡是一种世界著名的咖啡混合饮品。

（五）卡布其诺

用大咖啡杯装入意大利特浓咖啡，再加上一层厚厚的起泡的牛奶，然后撒上巧克力粉或肉桂粉，就成了卡布奇诺。

（六）土耳其咖啡

将150克水注入铁壶烧开，加入5克糖、咖啡2克，用茶勺搅匀，等咖啡刚往上冒时即倒入咖啡碗内，上台时保持咖啡原味。

（七）清咖啡

煮沸方法与法式咖啡相同，只是不加其他配料，每碗放少许糖。

（八）鲜牛奶咖啡

用玻璃杯装咖啡半杯（约150克），再将热牛奶150克兑在一起即可。上台时放6克糖。

（九）香桃咖啡

其煮法与法式咖啡相同，每碗只放两片香桃片，糖少许。

（十）冷咖啡

将100克咖啡放入壶内，兑3千克水烧开，用中火煮约10分钟后拿起，将咖啡过滤到瓷壶内，放300克糖搅化，冷却后放入冰箱镇凉。

上桌时将咖啡分别倒入5个玻璃杯内，每杯兑入50克鲜牛奶，上放1枚樱桃即成。

（十一）冰激凌咖啡

将200克冷咖啡倒入玻璃杯内，放入50克冰激凌球，再放入5克打奶油。上摆1枚樱桃即成。

冰激凌咖啡是深受人们喜爱的饮品之一。

四、其他饮品

（一）可可

可可树生长在热带，属梧桐科常绿乔木，终年持续开花结果，果实呈长卵圆形，带红、黄色或褐色，种子扁平，果壳厚而硬。其种子焙炒，粉碎后即为可可粉，是制作巧克力糖的原料，可作饮料，也可供药用，有强心、利尿的功效。

（二）牛奶

牛奶含有丰富的供给人体热量的蛋白质、脂肪、乳糖和人体所需的最主要的矿物质如钙、磷以及维生素等，其营养丰富，且利于消化，极易为人体吸收，没有任何一种单一的食品能和它相比。

（三）果汁

果汁的种类很多，一般分为鲜榨、罐装和浓缩三种。果汁含有丰富的矿物质、维生素、糖及有机酸等，它既可单饮，又可调制鸡尾酒。常见的果汁有橙汁、柠檬汁、菠萝汁、西柚汁、葡萄汁等。果汁的最佳饮用温度为10℃，服务前应先放冰箱里冷藏，斟倒时应为3/4杯。

榨取的鲜果汁保鲜时间为24小时，罐装果汁开启后可以保持3～5天，稀释后的浓缩果汁只能存放两天，因此准备时不要过量，以免造成浪费。

（四）矿泉水

矿泉水是在高山上由岩石中浸出的清泉，含有多种矿物质，它以水质好、无杂质污染、营养丰富而深受人们的欢迎。其味有微咸和微甜两类，饮之清凉爽口，有助消化。

（五）汽水

汽水是一种含有大量二氧化碳气体的祛热解暑饮料。汽水是用一定比例的冷开水、柠檬酸、药用小苏打、白糖、柠檬香精、食用色素（柠檬黄）等原料配制而成的。因配有小苏打的水发生化学反应后会产生大量的二氧化碳气体，所以汽水中有气泡冲出。

人饮用汽水后，二氧化碳会很快从体内排出，这样就带走了人体内的热量，使人感到清凉。另外，二氧化碳对胃壁还有轻微的刺激作用，能加速胃液分泌，帮助消化。因此，它是一种很好的清凉饮料。

第四章

餐厅服务流程细则

餐厅统一、规范的服务流程，可以限制员工服务的主观随意性，并为主管监督提供依据。在服务工作中，餐厅服务人员必须根据正确的流程与操作程序，按照合理的步骤为客人提供服务，从而让客人满意，并赢得客人的信赖。

第一节 预订服务流程细则

一、电话预订服务

（一）电话预订服务流程

电话预订的服务流程，如图4-1所示。

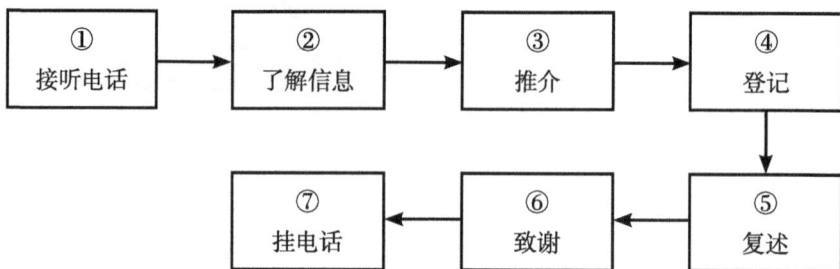

图4-1 电话预订服务流程

（二）电话预订服务细则

电话预订的服务细则，如表4-1所示。

表4-1 电话预订服务细则

操作程序	工作标准
① 接听电话	（1）在电话铃声响3声或10秒以内接听电话 （2）左手持电话，话筒置于唇下5厘米处 （3）问候客人并报岗位名称，铃响超过3声才接听电话时必须向客人道歉 （4）遇节假日需要及时更改问候语
② 了解信息	仔细聆听客人介绍，了解客人的身份、用餐时间、宴请对象、人数、台数及其他要求
③ 推介	（1）快速查看预订情况，有针对性地向客人推荐，并征求客人意见 （2）在客人预订某一包厢或座位后，根据实际订餐情况确认或推荐其他包厢

操作程序	工作标准
④ 登记	（1）询问客人的全名、公司名及联系电话，并记录在"预订登记本"和电脑中 （2）询问被宴请客人中有无VIP，如有则通知楼面经理妥善安排
⑤ 复述	重复预订细节，并告知客人预订接待人员的姓氏
⑥ 致谢	对客人的来电表示感谢
⑦ 挂电话	待客人挂断电话后，方可轻声挂断电话

二、来客预订服务

（一）来客预订服务流程

来客预订的服务流程，如图4-2所示。

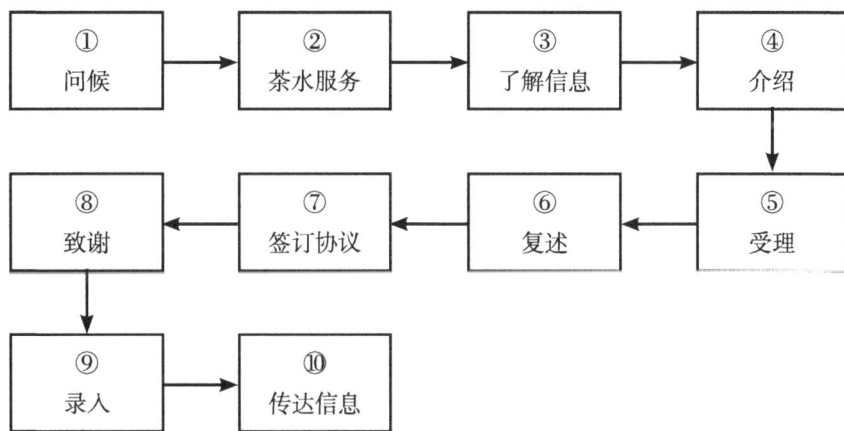

图4-2 来客预订服务流程

（二）来客预订服务细则

来客预订的服务细则，如表4-2所示。

表4-2　来客预订服务细则

操作程序	工作标准
① 问候	在距离客人1.5米处热情问候客人，询问客人是否订餐
② 茶水服务	为客人提供茶水服务，并及时续杯
③ 了解信息	（1）询问并记录客人的姓名、用餐时间及特殊要求，并在交谈中使用其姓氏称呼客人 （2）查看电脑中的预订情况。如果可提供的厅房已被预留，应立即与预留人取得联系，确认其是否需继续保留 （3）主动向客人提供可预订厅房的图片及资料
④ 介绍	（1）主动向客人介绍菜系、菜肴特色、价格、服务设施、场地环境及收费标准 （2）仔细聆听客人的提问，并一一解答 （3）陪同客人进行实地考察，向客人介绍场地特点，并向客人提供菜单供其参考
⑤ 受理	（1）若客人暂未预订，应感谢客人的光临，并将客人送至电梯口 （2）若客人未最后确定但需预留的，应及时跟踪服务 （3）若客人确定预订，须向客人了解详细的预订情况
⑥ 复述	复述预订信息，并请客人确认
⑦ 签订协议	根据实际情况与客人签订预订协议，请其仔细检查预订协议内容后签名确认，并引领客人至收银处交付预订金
⑧ 致谢	感谢客人的预订，并送客人离开大堂
⑨ 录入	将预订信息和预付金单据号码录入电脑
⑩ 传达信息	（1）当日当餐预订应在两分钟内通知相关餐厅及厨房做好接待准备 （2）如非当餐预订，应通过"预订单"通知相应的餐厅、厨房管理人员做好接待准备工作

如果知道客人职位，要称呼其职位。

录入预订信息。

第二节　餐前准备服务流程细则

一、中餐厅的餐前准备工作

（一）中餐厅的餐前准备工作流程

中餐厅的餐前准备工作流程，如图4-3所示。

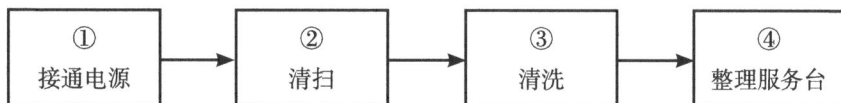

```
①          ②          ③          ④
接通电源  →  清扫    →   清洗    →   整理服务台
```

图4-3　中餐厅的餐前准备工作流程

（二）中餐厅的餐前准备工作细则

中餐厅的餐前准备工作细则，如表4-3所示。

表4-3　中餐厅餐前准备工作细则

操作程序	工作标准
① 接通电源	将灯具和其他常用的电器设备如咖啡炉、烤面包机及煤气设备的电源接通。将通风系统调到适当位置
② 清扫	清扫墙壁、窗帘和室内用具，擦亮玻璃和玻璃杯架，清扫地板及吸尘等
③ 清洗	清洗杯、盘等餐具以及其他服务用具如服务车、容器和调味品盒等
④ 整理服务台	（1）服务台应备有盘、碟、杯、烟灰缸、花瓶、餐巾、桌布、毛巾、托盘、冰水、饮料、调味品、纸餐巾、小型杯垫、吸管、打火机、塑料餐具等 （2）检查保温台，以保证其正常工作 （3）准备所需食品项目，如冰桶要加满冰块，调味瓶也要加满

接通灯具和其他常用设备电源。

菜架要摆放整齐，保持干净。

二、火锅餐前准备

（一）火锅餐前准备的工作流程

火锅餐前准备的工作流程，如图4-4所示。

```
┌──────────────────┐      ┌──────────────────┐      ┌──────────────────┐
│        ①         │      │        ②         │      │        ③         │
│  准备餐前服务用品  │ ───▶ │     检查工作      │ ───▶ │     其他事项      │
└──────────────────┘      └──────────────────┘      └──────────────────┘
```

图4-4　火锅餐前准备工作流程

（二）火锅餐前准备工作细则

火锅餐前准备的工作细则，如表4-4所示。

表4-4　火锅餐前准备工作细则

操作程序	工作标准
① 准备餐前服务用品	准备好调味品（盐、味精、醋、蒜泥），开水，茶水，加菜单，笔，打火机、起瓶器，牙签盅，（牙签）汤漏勺，烟缸等
② 检查工作	检查燃气炉确保其摆放在规定桌子的中间，开关完好，能正常使用，桌面上餐具干净、无破损
③ 其他事项	（1）值班人员把毛巾车的电源打开，等热气冒出后及时切断电源 （2）菜架应摆放整齐，随时保持菜架的干净

三、摆台准备工作

（一）摆台准备工作流程

摆台准备工作的流程，如图4-5所示。

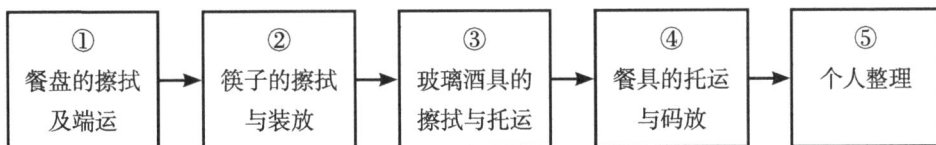

```
┌─────────┐   ┌─────────┐   ┌─────────┐   ┌─────────┐   ┌─────────┐
│    ①    │   │    ②    │   │    ③    │   │    ④    │   │    ⑤    │
│ 餐盘的擦拭│──▶│ 筷子的擦拭│──▶│玻璃酒具的│──▶│ 餐具的托运│──▶│ 个人整理 │
│ 及端运  │   │ 与装放  │   │擦拭与托运│   │ 与码放  │   │         │
└─────────┘   └─────────┘   └─────────┘   └─────────┘   └─────────┘
```

图4-5　摆台准备工作流程

（二）摆台准备工作细则

摆台准备的工作细则，如表4-5所示。

表4-5　摆台准备工作细则

操作程序	工作标准
① 餐盘的擦拭 及端运	（1）先将餐巾的一面贴着盘子边缘，用手捏住餐巾和盘子，擦拭每个盘子的正面和背面，注意要隔着餐巾抓紧盘子 （2）垫着餐巾，将擦拭完的盘子摞在一起，用专用布巾包好后端到餐厅以备摆台用
② 筷子的擦拭 与装放	（1）垫着餐巾用左手攥住筷子尾，用右手仔细擦拭筷子头，擦好后将筷子轻轻放入筷套中 （2）装筷子时，注意不要用嘴向筷套吹气，同时双手不要触及筷子头
③ 玻璃酒具的 擦拭与托运	（1）左手拿着餐巾，抓住玻璃酒杯的底座部分，右手仔细擦拭玻璃酒杯的里里外外，注意不要用力过大，以免弄碎酒具 （2）擦拭完毕，要对着光线检查一下酒具是否有污渍 （3）用托盘端运时，注意不要用手直接抓杯口
④ 餐具的托运 与码放	用托盘将弄好的餐具送到餐厅，并码放好
⑤ 个人整理	在摆台操作前要先将手清洁消毒，可用消毒毛巾，也可用酒精棉球擦拭双手

准备好叉、勺等分菜用具。

摆放金属餐具和面色盘。

四、零点摆台

（一）零点摆台工作流程

零点摆台工作流程，如图4-6所示。

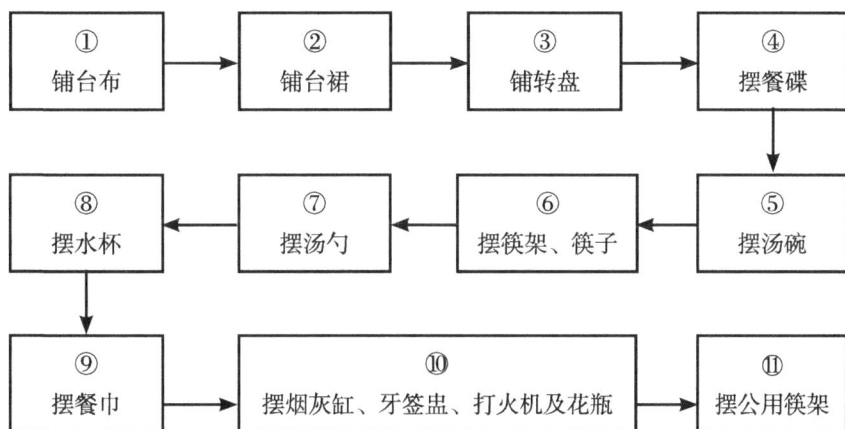

```
①          ②          ③          ④
铺台布  →   铺台裙  →   铺转盘  →   摆餐碟
                                    ↓
⑧          ⑦          ⑥          ⑤
摆水杯  ←   摆汤勺  ←   摆筷架、筷子 ← 摆汤碗
 ↓
⑨          ⑩                      ⑪
摆餐巾  →   摆烟灰缸、牙签盅、打火机及花瓶 → 摆公用筷架
```

图4-6　零点摆台工作流程

（二）零点摆台细则

零点摆台细则，如表4-6所示。

表4-6　零点摆台细则

操作程序	工作标准
① 铺台布	（1）认真细致地检查台布，如有污垢、破损及皱褶等要立即更换 （2）手持台布站立于餐桌一侧（通常是副主人处），距桌边约40厘米，将台布抖开，覆盖在桌面上 （3）抖台布时力度及幅度都不可太大，动作要娴熟、干净利落、一次到位，做到台布平整无皱褶 （4）铺好台布后再次检查台布质量及清洁程度
② 铺台裙	先将台布铺好，再沿顺时针方向用针、胶带固定台布，台布的折摺要均匀平整，用针时针尖要向内，防止对客人造成伤害
③ 铺转盘	先将转盘和玻璃台面用双手放在转台上，轻轻转动，以检查其是否灵活

操作程序	工作标准
④ 摆餐碟	摆在每位客人所对台面的正中，距桌边约两厘米（以大拇指指尖第一关节的长度为准）
⑤ 摆汤碗	摆在餐碟左侧稍上一些，与餐碟间距1厘米
⑥ 摆筷架、筷子	筷架摆在餐碟右侧，与汤碗成一条直线，与餐碟间距1厘米，筷子尾部距桌边约1厘米
⑦ 摆汤勺	将汤勺摆在汤碗内，勺把朝右
⑧ 摆水杯	将水杯摆在餐碟上方，它们的间距约为1厘米
⑨ 摆餐巾	将杯花插入杯中，盘花置于餐碟上
⑩ 摆烟灰缸、牙签盅、打火机及花瓶	将烟灰缸、牙签盅、调料架、打火机及花瓶摆在台面的固定位置上，多数餐厅都摆在台布中线附近
⑪ 摆公用筷架	八人以上的台面应摆放公用筷架，供主人为客人布菜和其他人取菜用。公筷、公勺放在公用筷架上，将筷架摆在个人用餐具的上方或转台上

五、中餐宴会餐台布置

（一）中餐宴会餐台布置流程

中餐宴会餐台布置流程，如图4-7所示。

```
①          →   ②          →   ③          →   ④          →   ⑤
整理餐台        铺台布          放转盘          餐碟定位        摆餐具
```

图4-7　中餐宴会餐台布置流程

（二）中餐宴会餐台布置细则

中餐宴会餐台布置细则，如表4-7所示。

表4-7　中餐宴会餐台布置细则

操作程序	工作标准
① 整理餐台	整理桌椅，保持桌腿平稳，椅子完好，做到"三三两两"摆放，也就是正副主人一侧放三，另一侧放两，椅背保持在一条直线上
② 铺台布	按规范操作，要求动作正确、干净利落、一次到位。铺好的台布要求中缝突面朝上。十字折线居中，四周均匀
③ 放转盘	转盘要居中轻放
④ 餐碟定位	从主人座位开始，顺时针方向进行，要求轻拿轻放。碟边与桌边相距1.5厘米，餐碟之间距离均匀
⑤ 摆餐具	将餐具准确摆放在餐桌上

将餐具准确摆放在餐桌上。

六、西餐摆台

（一）西餐摆台流程

西餐摆台流程，如图4-8所示。

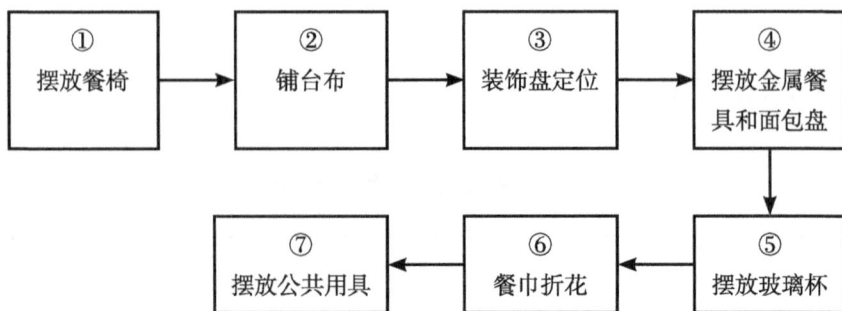

図4-8　西餐摆台流程

（二）西餐摆台细则

西餐摆台细则，如表4-8所示。

表4-8　西餐摆台细则

操作程序	工作标准
① 摆放餐椅	餐台餐椅的摆放应规格合理、整齐一致
② 铺台布	服务员站立于餐台边，将台布横向打开，双手捏住台布一侧，然后将台布从餐台另一侧向身体侧慢慢拉到位
③ 装饰盘定位	摆放均匀，盘边离桌边2厘米
④ 摆放金属餐具 和面包盘	（1）左手托盘，右手操作，从装饰盘的右侧开始 （2）先放餐刀和汤匙，在上端摆放甜品叉和甜品勺，左侧摆放餐叉、面包盘和黄油刀子 （3）餐刀离装饰盘1厘米，刀口朝左，刀柄离桌边2厘米，汤勺与餐刀平行 （4）甜品叉与甜品勺平行，甜品叉的叉头朝右，甜品勺的勺头朝左 （5）餐叉离桌2厘米 （6）面包盘的盘心与装饰盘的盘心在同一条横线上 （7）黄油刀子在面包盘的右侧
⑤ 摆放玻璃杯	在餐刀的刀尖延长线上1厘米处摆放冰水杯。在冰水杯的右上角1厘米处摆放红葡萄酒杯，在其右下角1厘米处摆放白葡萄酒杯，三杯的杯身相距1厘米
⑥ 餐巾折花	以简洁的盘花为主，达到整齐划一的效果
⑦ 摆放公共用具	摆放好胡椒盅、盐盅、糖盅、淡奶壶、烟灰缸

第三节 餐前服务与点菜服务流程细则

一、迎宾领位服务

（一）迎宾领位服务流程

迎宾领位服务流程，如图4-9所示。

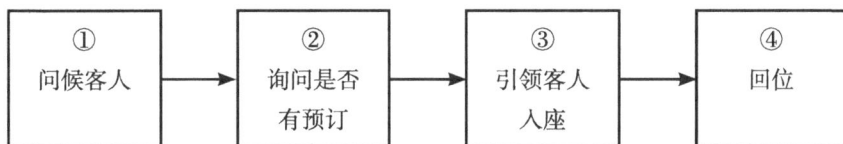

| ① 问候客人 | → | ② 询问是否有预订 | → | ③ 引领客人入座 | → | ④ 回位 |

图4-9 迎宾领位服务流程

（二）迎宾领位服务细则

迎宾领位服务细则，如表4-9所示。

表4-9 迎宾领位服务细则

操作程序	工作标准
① 问候客人	见客人前来，迎宾员领位时应该面带微笑，主动招呼："您好，欢迎光临！"对熟悉的客人用姓氏招呼，以示尊重
② 询问是否有预订	（1）迎宾员问清客人人数、是否有预订，确认预订人的姓名或者电话号码，若没有预订则根据客人的人数合理安排座位 （2）若是餐厅客满，迎宾员应有礼貌地告诉客人需要等待的时间；若客人不愿意等候，应为客人不能在本餐厅用餐表示歉意，欢迎其下次光临；若有客人愿意稍候，应引领客人至候餐处或休闲区，并提供茶水服务 （3）协助客人在衣帽间存放衣服，并提示客人自己保管贵重物品，存好后将取衣牌交给客人，提示其凭牌取回衣服 （4）询问客人是否吸烟，如客人不吸烟，可请客人到非吸烟区就座

操作程序	工作标准
③ 引领客人 入座	（1）迎宾员走在客人前方，按照客人的步伐快慢行走，如路线较长或客人较多时应适时回头，向客人示意，以免走散 （2）将客人引到桌边，征询客人（未预订客人）对桌子及方位的意见，待客人同意后再请客人入座 （3）将座椅拉开，当客人坐下时，用膝盖顶一下椅背，双手同时送一下，使客人保持与桌子的合适距离 （4）招呼服务员接待客人，并将就餐人数、主人姓名及房间号等资料告知服务员，以便服务员开展下一步工作
④ 回位	与服务员交接完毕后，回到餐厅正门一侧，继续做好迎宾准备

二、茶水服务

（一）茶水服务流程

茶水服务流程，如图4-10所示。

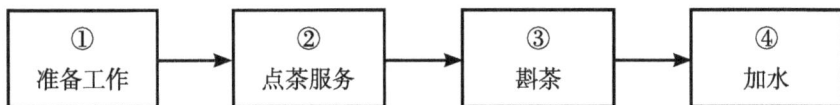

图4-10 茶水服务流程

（二）茶水服务细则

茶水服务细则，如表4-10所示。

表4-10 茶水服务细则

操作程序	工作标准
① 准备工作	（1）开餐前按标准备好各种茶叶 （2）准备好充足、干净、无破损的茶壶 （3）将保温壶内注满开水

操作程序	工作标准
② 点茶服务	（1）熟练掌握各种茶水知识，向客人介绍本餐厅提供的各种茶水及其特点 （2）当客人接受推销时，为客人点单 （3）当客人确定某种茶后，让负责茶叶的人取茶叶，并不得超过5分钟 （4）接受客人所点的茶叶品种后，立即为客人冲茶
③ 斟茶	（1）茶泡好后，要为客人斟茶。斟茶时，要注意先宾后主，女士优先 （2）斟茶时要一手端壶把，一手拿壶盖，茶水以倒入茶杯4/5的量为宜 （3）斟茶时，要注意茶杯把偏右，壶嘴朝外，不要对着客人 （4）礼貌地请客人用茶，然后将茶壶对称摆放在餐桌上
④ 加水	（1）当茶壶内的水只剩下1/3时，要随时为客人添加开水 （2）如发现茶水淡了，要主动询问客人是否需要更换茶叶，如客人同意更换，应满足客人要求

三、点菜服务

（一）点菜服务流程

点菜服务流程，如图4-11所示。

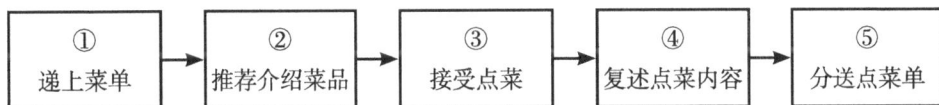

① 递上菜单	→	② 推荐介绍菜品	→	③ 接受点菜	→	④ 复述点菜内容	→	⑤ 分送点菜单

图4-11　点菜服务流程

（二）点菜服务细则

点菜服务细则，如表4-11所示。

表4-11　点菜服务细则

操作程序	工作标准
① 递上菜单	将菜单打开第一页，按照"女士优先"的原则，用双手从客人右侧将菜单送至客人手中，然后站在客人斜后方，也就是能观察到客人脸部表情的地方，上身微躬等待客人点菜

操作程序	工作标准
② 推荐介绍菜品	（1）在客人点菜前，点菜员应留有时间让客人翻看菜单 （2）在客人翻看菜单时，应及时向客人简单介绍菜单上的菜，并回答客人询问 （3）向客人介绍厨师长推荐菜、今日特别推荐菜品、其他特色菜、畅销菜和高档菜等菜品，并介绍其样式、味道、温度和特色
③ 接受点菜	（1）点菜员先在点菜单上记下日期、本人姓名及台号、就餐人数、餐别等 （2）客人点菜时，应注视客人，听清楚客人点的菜名、分量、烹调方式等，适时帮助客人选择菜品和主动推荐菜品，准确记录菜名 （3）对于特殊菜品，应介绍其特殊之处，并向客人问清所需火候、配料及调料等 （4）若客人用餐时间较紧，点的菜又用时较长，应及时向客人征求意见；若客人点相同的菜式，如汤、羹或者两个类似味型的菜时，应有礼貌地询问客人是否需要更换菜式 （5）若客人有特殊要求，应在点菜单上清楚写明，并告知厨房、划菜员、区域服务员等相关人员
④ 复述点菜内容	（1）在客人点菜完毕后，应清楚地重复一遍客人所点菜品的内容，并请客人确认 （2）复述完毕后，在点菜单右上角写明下单的时间（当时时间），以便查询 （3）收回菜单并向客人致谢，同时请客人稍等，说明大致的等候时间
⑤ 分送点菜单	点菜员将点菜单的第一联送到收银台，第二联和第三联送到厨房，第四联送给划菜员，将第五联送给区域服务员

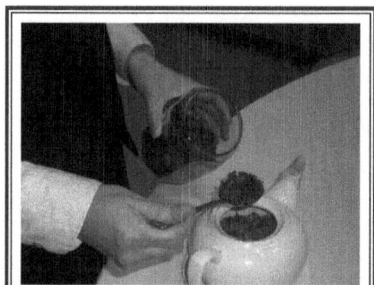

当客人点好茶叶后，立即为客人冲茶。

客人点菜时，点菜员应注视客人。

第四节 餐间服务流程细则

一、上菜服务

（一）上菜服务流程

上菜服务流程，如图4-12所示。

```
┌────────┐    ┌────────┐    ┌────────┐    ┌────────┐    ┌────────┐
│   ①    │ →  │   ②    │ →  │   ③    │ →  │   ④    │ →  │   ⑤    │
│  准备   │    │  上菜   │    │ 报菜名  │    │  摆放   │    │  整理   │
└────────┘    └────────┘    └────────┘    └────────┘    └────────┘
```

图4-12　上菜服务流程

（二）上菜服务细则

上菜服务细则，如表4-12所示。

表4-12　上菜服务细则

操作程序	工作标准
① 准备	（1）根据菜品准备相应的餐具用具 （2）在菜品到达工作台时，服务员检查菜品并将服务勺放到盘内的右侧，但不能损坏菜品的形状，注意划单
② 上菜	（1）根据上菜时间在5分钟之内上凉菜 （2）在副主人位的右侧上菜，右脚在前左脚在后，上身稍微前倾，双手端着菜盘，将菜品的观赏面朝向客人，轻轻放在转盘上，盘边距离转盘边缘2～3厘米，每次上的菜品要转到主人与主宾之间 （3）接到传菜员送到的菜品后，要在最短的时间内把菜端上桌 （4）上菜的顺序为冷菜、热菜、点心、主食、水果
③ 报菜名	上菜后，后退一步右手五指并拢，打手势的同时报菜名，对主菜或特色菜应做简单介绍，如有典故可向客人叙述

操作程序	工作标准
④ 摆放	两道菜摆放成"一"字型，三道菜摆放成"品"字型，四道菜摆放成"口"字型，五道菜摆放成"梅花"型，要将菜肴均匀地放于转台上
⑤ 整理	每次上菜之前都要整理转台，将空盘撤下，如果在整理转台之后还是没有多余的空隙可以放置菜肴，在征得客人同意后可将大盘换成小盘

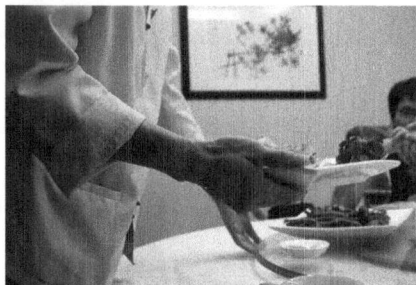

服务员服务时，先给女宾和主宾上菜。

二、火锅服务

（一）火锅服务流程

火锅服务流程，如图4-13所示。

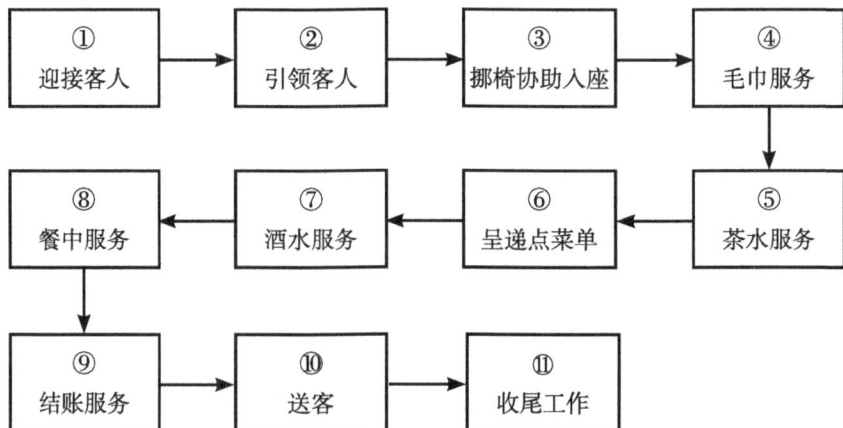

图4-13　火锅服务流程

（二）火锅服务细则

火锅服务细则，如表4-13所示。

表4-13　火锅服务细则

操作程序	工作标准
① 迎接客人	在开餐前半小时完成准备工作，按标准姿态站立在规定区域
② 引领客人	（1）迎宾员首先确认客人是否有预订，如客人尚未预订，可征求客人意见安排空桌，如已预订，确认后带领客人入座 （2）迎宾员引领客人入座时，应与客人保持一定的距离，在1~1.5米的左前方，并注意客人是否跟随 （3）迎宾员右手为客人指示方向，同时说"先生/小姐（女士），这边请。" （4）迎宾员将客人带到其预订的餐桌前，征询客人意见："先生/小姐，这是你们所订的位置，您看可以吗？"，等客人同意后，再示意客人入座 （5）迎宾员帮助客人轻轻拉开餐椅，等客人落座时轻轻送回 （6）迎宾员与服务员交接，告知其客人就餐人数、主人姓名等信息，以便服务员能够称呼主人的姓氏，以示敬意 （7）对每一位经过身边的客人都应点头问好
③ 挪椅协助入座	（1）迎宾员将客人领进餐厅时，服务员应主动礼貌地问候客人"您好，欢迎光临！" （2）待客人确认位置后，服务员应主动协助，为客人挪椅入座"先生/小姐，您请坐（称呼在前）"并以手势示意
④ 毛巾服务	（1）客人入座后，提供第一次毛巾或热湿巾服务 （2）注意毛巾温度，大约在40度，湿度以手握下去不出水为宜 （3）服务时，根据先宾后主、女士优先的原则，站于客人左侧服务 （4）客人用过毛巾后，服务员经客人同意后，撤掉毛巾
⑤ 茶水服务	（1）上茶水时应注意茶水的温度，要求温度适当，不能是凉茶，以免客人误会 （2）斟茶时应按先宾后主、女士优先的原则，在客人右侧服务，服务员左手提茶壶，右手翻茶杯，再换右手为客人斟倒茶水 （3）茶水应斟倒八分满 （4）将茶壶放于备餐台上，茶壶嘴不可对着客人

操作程序	工作标准
⑥ 呈递点菜单	（1）客人入座后，服务员应检查菜单，保证菜单干净、整洁、无损 （2）服务员将菜单呈送至客人手中后站在客人右侧，按客人数量调整好餐具用具的数量 （3）询问客人口味，主动介绍菜品特点，特别是本店的特色菜，引导客人消费 （4）在客人点菜的过程中，服务员应先将锅底告知厨房 （5）服务员检查菜单，及时送单到吧台和厨房
⑦ 酒水服务	询问客人所需酒水、饮料，如客人难以确定，服务员应主动向客人介绍酒水和饮料，为客人提供酒水服务
⑧ 餐中服务	（1）服务员应根据客人数量摆上油碟，按客人要求上锅、点火，为客人斟好第一杯酒 （2）上菜时，如客人点有凉菜，要先上凉菜，等客人用过凉菜后或者客人准备开始涮菜时，才把其他菜品送到餐桌上。应讲究先特色菜、荤菜，后豆制品、素菜的原则 （3）掌握火力的调节，不能过旺和太小，并适当搅锅，以免发生糊锅现象，在锅中汤烧到离锅边缘1/5时应尽快往锅中加汤 （4）勤换茶碟（有些客人用茶碟作骨碟），不能等到茶碟上的东西堆积如山时才更换
⑨ 结账服务	（1）当客人埋单时，清点核对酒水数量，未使用的酒水拿回吧台，将菜单交给收银台结算 （2）服务员要准确地告诉客人其消费金额 （3）客人埋单时，收银员应问清收账方式，还要询问客人有无优惠卡等，以便收款 （4）把找赎、收银条交给客人以核对钱、票是否准确
⑩ 送客	（1）为客人挪椅协助其离座，取送衣帽 （2）提醒客人："请慢走，欢迎再次光临！"
⑪ 收尾工作	（1）客人离开后，再次检查有无客人遗留物品，台上有无未熄灭的烟头 （2）待客人全部离开后，关掉燃气、关火 （3）立即将桌面上的菜品、锅底分类清理，送回厨房 （4）将餐具统一放入塑料框，分类清理 （5）清理备餐台，收走空酒瓶、饮料罐，做好桌面清洁 （6）按标准重新摆台，恢复开餐前原样，以便再次使用

为客人更换小毛巾。

为客人斟茶。

三、香烟服务

（一）香烟服务流程

香烟服务流程，如图4-14所示。

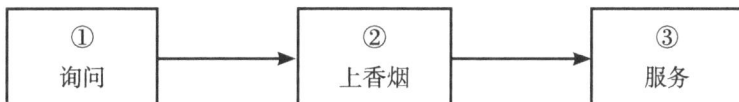

```
┌─────────┐      ┌─────────┐      ┌─────────┐
│    ①    │ ───> │    ②    │ ───> │    ③    │
│   询问   │      │  上香烟  │      │   服务   │
└─────────┘      └─────────┘      └─────────┘
```

图4-14　香烟服务流程

（二）香烟服务细则

香烟服务细则，如表4-14所示。

表4-14　香烟服务细则

操作程序	工作标准
① 询问	（1）当客人点香烟时，服务员应当复述其所点的香烟名称 （2）在酒水单上写下客人所点的香烟名称
② 上香烟	（1）将取回的香烟，连同一个打火机一起放在小盘上 （2）把香烟递给客人，并向他展示香烟，同时询问客人是否需要打开

操作程序	工作标准
③ 服务	（1）准备好打火机，必须保证打火机状况良好，在点烟前，提前调整打火机的火苗大小 （2）在客人用手指夹好香烟后，再为客人点烟，并用另一只手防止火苗熄灭。给客人点烟时，必须小心观察火苗的高度，保证火苗不要烧到客人 （3）观察桌子上或附近是否有烟灰缸，把烟灰缸移到客人旁边。如果烟灰缸里有两个烟蒂或杂物时，需换一个干净的烟灰缸

四、分鱼服务

（一）分鱼服务流程

分鱼服务流程，如图4-15所示。

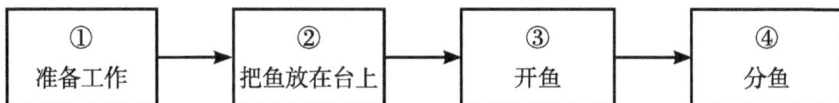

图4-15　分鱼服务流程

（二）分鱼服务细则

分鱼服务细则，如表4-15所示。

表4-15　分鱼服务细则

操作程序	工作标准
① 准备工作	用托盘把刀、叉、勺、骨碟放在客人餐台上
② 把鱼放在台上	双手端着鱼盘的两旁，使鱼尾对着自己
③ 开鱼	用左手拿叉、右手拿刀，由鱼颈开始在中间分开一直到鱼尾，把鱼肉分开在两旁，用叉及刀从鱼颈开始把主骨取出，放在骨碟上
④ 分鱼	用勺把汁淋在鱼肉上面，用叉及勺把鱼肉分到客人碗里，女士优先，把主骨用骨碟带走

五、带骨、带壳和块状菜品服务

（一）带骨、带壳和块状菜品服务流程

带骨、带壳和块状菜品服务流程，如图4-16所示。

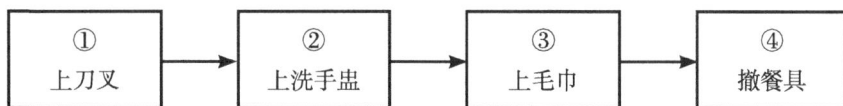

```
┌──────────┐      ┌──────────┐      ┌──────────┐      ┌──────────┐
│    ①     │      │    ②     │      │    ③     │      │    ④     │
│  上刀叉  │ ───▶ │ 上洗手盅 │ ───▶ │  上毛巾  │ ───▶ │  撤餐具  │
└──────────┘      └──────────┘      └──────────┘      └──────────┘
```

图4-16　带骨、带壳和块状菜品服务流程

（二）带骨、带壳和块状菜品服务细则

带骨、带壳和块状菜品服务细则，如表4-16所示。

表4-16　带骨、带壳和块状菜品服务细则

服务程序	工作标准
① 上刀叉	（1）当客人点了体积较大的块状食物时，在上菜之前须为客人摆上刀叉 （2）将刀叉整齐地放在铺有餐巾的托盘上，逐位摆在餐碟位两侧
② 上洗手盅	（1）当客人点了虾、蟹或鸡翅等带骨、壳的菜品时，服务员应送上温度适中的洗手盅 （2）使用托盘送给每位客人一份，摆在餐位右上方，同时礼貌地向客人说明用途
③ 上毛巾	递送小毛巾并敬送茶水
④ 撤餐具	客人用完该道菜并洗手后，服务员将洗手盅、茶具和小毛巾撤下。当客人吃完该道菜后，服务员及时将刀叉撤下

六、桌面分菜服务

（一）桌面分菜服务流程

桌面分菜服务流程，如图4-17所示。

```
┌─────────┐         ┌─────────┐         ┌─────────┐
│    ①    │────────▶│    ②    │────────▶│    ③    │
│ 准备用具 │         │  分菜   │         │  上菜   │
└─────────┘         └─────────┘         └─────────┘
```

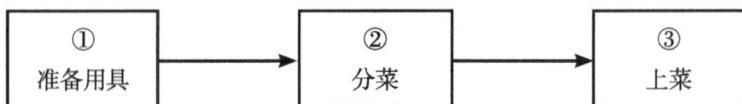

图4-17　桌面分菜服务流程

（二）桌面分菜服务细则

桌面分菜服务细则，如表4-17所示。

表4-17　桌面分菜服务细则

服务程序	工作标准
① 准备用具	（1）分鱼、禽类菜品时，服务员准备刀、叉、匙各一把 （2）分炒菜时准备匙、叉各一把或一双筷子、一把长柄匙
② 分菜	（1）由两名服务员配合操作，一名服务员分菜，另一名服务员为客人送菜 （2）分菜的服务员站在副主人位右边第一个座位与第二个座位中间，右手执叉、匙夹菜，左手执长柄匙接挡，以防菜汁滴落在桌面上 （3）另一名服务员站在客人右侧，把餐盘递给分菜的服务员，待菜肴分好后将餐盘放回客人面前
③ 上菜	上菜的顺序为主宾、副主宾、主人，然后按顺时针方向分送

七、服务桌分菜服务

（一）服务桌分菜服务流程

服务桌分菜服务流程，如图4-18所示。

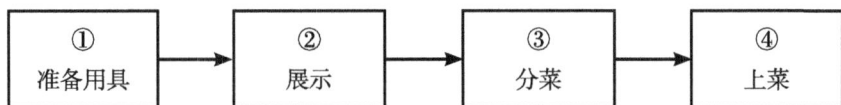

```
┌─────────┐     ┌─────────┐     ┌─────────┐     ┌─────────┐
│    ①    │────▶│    ②    │────▶│    ③    │────▶│    ④    │
│ 准备用具 │     │  展示   │     │  分菜   │     │  上菜   │
└─────────┘     └─────────┘     └─────────┘     └─────────┘
```

图4-18　服务桌分菜服务流程

（二）服务桌分菜服务细则

服务桌分菜服务细则，如表4-18所示。

表4-18　服务桌分菜服务细则

服务程序	工作标准
① 准备用具	在客人餐桌旁放置服务桌，准备好干净餐盘，放在服务桌一侧，备好叉、匙等分菜用具
② 展示	当菜送来后，服务员先把菜品放在餐桌上，向客人介绍其名称特色，然后放到服务桌上分菜
③ 分菜	分菜服务员在服务桌上将菜品均匀、快速地分到每位客人的餐盘中
④ 上菜	菜分好后，由服务员将餐盘从右侧送到客人面前，顺序与桌面分菜相同

八、特殊菜肴分菜服务

（一）特殊菜肴分菜服务流程

特殊菜肴分菜服务流程，如图4-19所示。

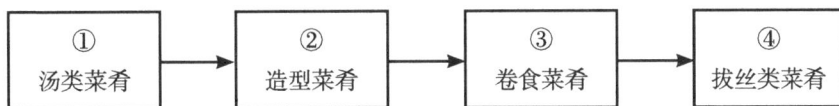

图4-19　特殊菜肴分菜服务流程

（二）特殊菜肴分菜服务细则

特殊菜肴分菜服务细则，如表4-19所示。

表4-19　特殊菜肴分菜服务细则

服务程序	工作标准
① 汤类菜肴	先将盛器内的汤分进客人碗内，再将汤中原料均匀地分入客人汤碗中
② 造型菜肴	将造型菜肴均匀地分给每位客人，如果其造型较大，可先分一半，处理完上半部分造型物后再分其余部分

服务程序	工作标准
③ 卷食菜肴	如老人或儿童多，需要服务员将吃碟摆放于菜肴周围，放好铺卷外层，然后逐一将被卷物放于铺卷外层上，最后逐一卷好送到每位客人面前
④ 拔丝类菜肴	由一位服务员取菜分类，另一位服务员快速递给客人

九、餐中服务

（一）餐中服务流程

餐中服务服务流程，如图4-20所示。

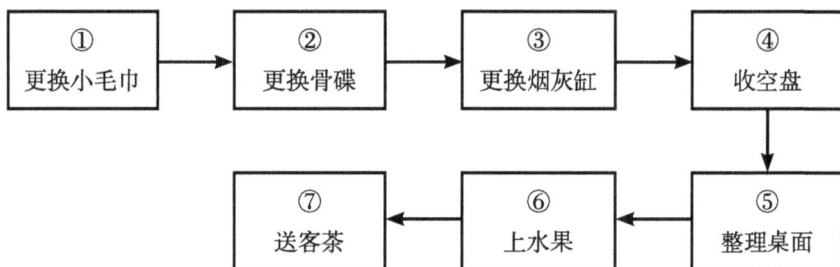

图4-20　餐中服务服务流程

（二）餐中服务细则

餐中服务服务细则，如表4-20所示。

表4-20　餐中服务服务细则

操作程序	工作标准
① 更换小毛巾	（1）从毛巾柜里取出温度、湿度适宜的小毛巾，放于毛巾篮内 （2）用两个毛巾夹进行服务。从主宾开始在客人左侧按照顺时针方向进行，一个毛巾夹将脏毛巾夹取到托盘内，再用另一毛巾夹夹取新的毛巾放至毛巾托内
② 更换骨碟	在用餐过程中，骨碟内污物超过1/3时要及时更换。先收脏的骨碟，再上干净的骨碟

操作程序	工作标准
③ 更换烟灰缸	烟灰缸内有两个烟头时须更换，用烟灰缸盖在一个脏烟灰缸上，然后拿到托盘内，再将另外一个干净的烟灰缸摆放到原位置
④ 收空盘	当转盘上有空盘时，应及时撤下
⑤ 整理桌面	（1）当餐桌、转台上有脏物时，用脏物夹及时清理，并用专用餐巾纸擦拭，保持清洁 （2）在上水果前先清理桌面，征得客人同意后将客人面前的酒杯、骨碟、碗、勺整理干净
⑥ 上水果	为每位客人换上新骨碟并送上水果叉，水果叉摆放在骨碟的右侧1/3处，接着上例份的水果
⑦ 送客茶	上水果之后，服务员应再次奉上送客茶，同时征求客人对菜肴和服务的意见

更换骨碟。

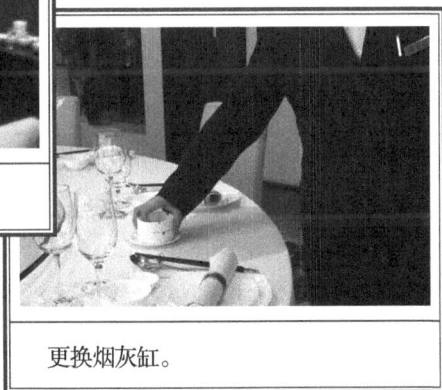

更换烟灰缸。

十、自助餐服务

（一）自助餐服务流程

自助餐服务流程，如图4-21所示。

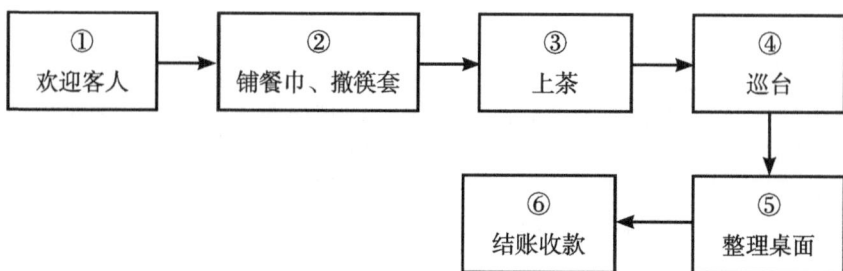

图4-21 自助餐服务流程

（二）自助餐服务细则

自助餐服务细则，如表4-21所示。

表4-21 自助餐服务细则

操作程序	工作标准
① 欢迎客人	（1）当客人来到餐厅时，迎宾员要热情地上前问候，询问客人是否有预订及用餐人数 （2）引领客人到合适座位，为客人拉椅让座
② 铺餐巾、撤筷套	服务员从客人右侧拿起餐巾，解开餐巾花轻轻地铺在客人桌上，同时从客人右侧为客人撤去筷套，并将筷套撤走
③ 上茶	（1）客人坐定后，服务员应询问客人所需茶水的种类，并根据客人的人数泡好茶 （2）茶水泡好后从客人右侧斟茶，斟茶时，应斟至茶杯的八分满，不要将茶水滴落在客人身上或台布上
④ 巡台	（1）在客人用餐的过程中，服务员应不断巡视，随时将桌面上的空盘、脏盘撤下，保持桌面干净、整洁 （2）及时给客人添加茶水，更换烟灰缸 （3）主动为不习惯或不方便自己取食物的客人取送菜点和饮料
⑤ 整理桌面	（1）当餐桌、转台上有脏物时，用脏物夹及时清理，并用专用餐巾纸擦拭，保持其清洁 （2）在上水果前先清理桌面，征得客人同意后将客人面前的酒杯、骨碟、碗、勺整理干净

操作程序	工作标准
⑥ 结账收款	（1）在客人用餐结束后，服务员应及时清点客人所点的食品与饮料，通知收银员准备结账，确认无误后，将账单放入钱夹内。当客人示意结账时，服务员应先派送香巾，然后递送账单 （2）将账单呈递到客人面前，同时告诉客人应付金额数目。如果是现金结账，应在客人面前点清款项然后代客到收银处交款，找回余款连同账单一起送还给客人，并向客人道谢。如找回余款数额较大，应站在一侧，待客人查点并收妥后方可离开 （3）如客人以签单的形式结账，服务员应核对客人的姓名、房号；如客人用信用卡或支票结账，则应交收银员处理

十一、西餐宴会服务

（一）西餐宴会服务流程

西餐宴会服务流程，如图4-22所示。

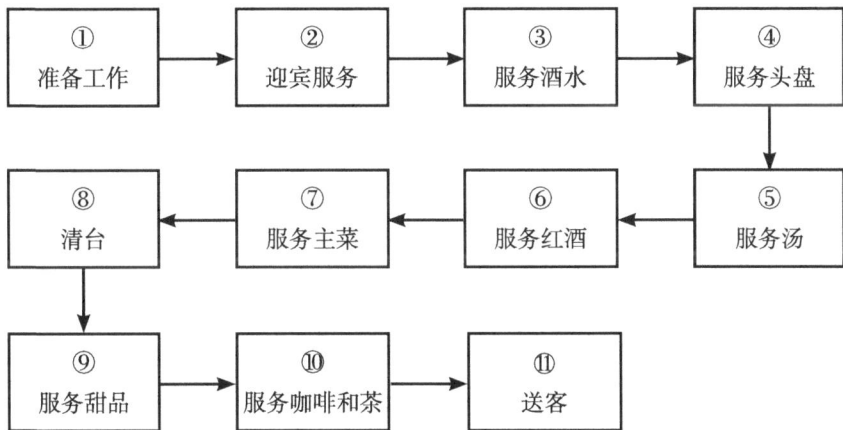

图4-22　西餐宴会服务流程

（二）西餐宴会服务细则

西餐宴会服务细则，如表4-22所示。

表4-22　西餐宴会服务细则

操作程序	工作标准
① 准备工作	开餐前半小时，一切准备工作就绪，并经楼面主管或领班检查合格： （1）服务员将水杯注入4／5的冰水，并将蜡烛点燃 （2）面包要放在面包篮里并摆放在桌上，黄油要放在黄油罐里
② 迎宾服务	（1）迎宾员将餐厅大门打开，迎候客人，服务员各就各位，站在宴会桌边，面向门口方向 （2）客人到来后，服务员应问候客人，确定客人的身份，为客人拉椅入座，并从右侧为客人铺上餐巾
③ 服务酒水	为客人服务酒水，一般情况下是先为客人服务白葡萄酒或按客人要求进行
④ 服务头盘	（1）服务员在服务头盘时，应先给女宾和主宾上菜，并从客人的右侧进行 （2）当客人全部放下刀叉后，服务员应询问客人是否同意撤盘，得到客人的允许后，服务员应从客人的右侧将盘子和刀叉一同撤下
⑤ 服务汤	（1）服务员将汤碗放在汤碟上面，从客人的右侧服务 （2）待多数客人不再饮用时，询问客人是否可以撤汤，得到客人允许后，要从客人的右侧将汤碗、汤碟和汤勺一同撤下
⑥ 服务红酒	（1）先请主人试酒，然后为其他客人服务红酒 （2）询问客人是否用白酒，如不用，可将白酒杯撤下
⑦ 服务主菜	（1）服务主菜时，从客人右侧上菜 （2）待客人全部放下刀叉后，上前询问客人是否可以撤盘，得到客人允许后，从客人的右侧将盘子和主刀叉一同撤下
⑧ 清台	（1）用托盘将面包盘、面包刀、黄油碟、椒盐瓶全部撤下 （2）用服务叉、勺将台面残留物收走
⑨ 服务甜品	（1）先将甜食叉勺打开，左叉右勺 （2）从客人的右侧送上甜食 （3）待客人全部放下叉勺后，询问客人是否可以撤下，得到其允许后，将盘子和甜食叉一同撤下
⑩ 服务咖啡和茶	（1）先在餐桌摆好糖罐、奶盅 （2）将咖啡杯摆在客人面前 （3）用新鲜的热咖啡和茶为客人服务 （4）礼貌诚恳地征询客人的意见、建议

操作程序	工作标准
⑪ 送客	宴会结束时，服务员要为客人拉椅，然后站在桌旁礼貌地目送客人离开，并欢迎客人下次再来

十二、自助宴会服务

（一）自助宴会服务流程

自助宴会服务流程，如图4-23所示。

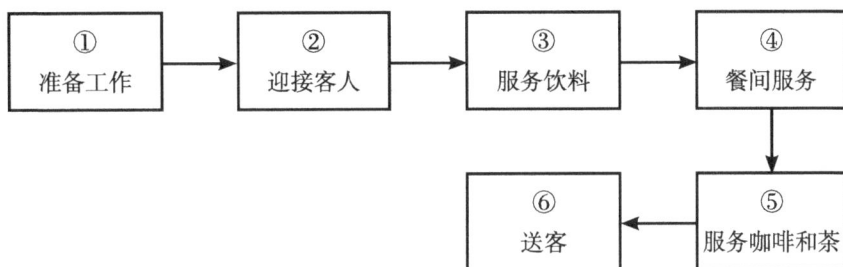

图4-23　自助宴会服务流程

（二）自助宴会服务细则

自助宴会服务细则，如表4-23所示。

表4-23　自助宴会服务细则

操作程序	工作标准
① 准备工作	开餐前半小时，一切工作都应准备就绪，自助餐台的食品要加热并上齐，餐厅门打开，服务员各就各位，迎宾员准备迎接客人
② 迎接客人	服务员应问候客人，为客人拉椅入座，从右侧为客人铺餐巾
③ 服务饮料	服务员应询问客人所需饮料，然后站在客人右侧将饮料倒入杯中

操作程序	工作标准
④ 餐间服务	（1）餐间，服务员要随时撤下客人用过的空餐具 （2）服务员应随时为客人添加饮料，更换烟灰缸 （3）客人吃甜食时，服务员应将主刀、主叉、汤勺、面包刀、面包盘等餐具撤下来 （4）保持食品台的整洁，随时添加各种餐具和食品
⑤ 服务咖啡和茶	（1）客人开始吃甜食时，准备送上咖啡和茶 （2）先将糖罐、奶盅准备好、摆上桌 （3）服务员询问客人用咖啡还是用茶，然后用新鲜的热咖啡或茶为客人服务 （4）征询客人的意见和建议，态度要诚恳
⑥ 送客	宴会结束时，服务员要为客人拉开座椅，并提醒客人有无遗漏物品，然后站在桌旁礼貌地目送客人离开，并欢迎客人再次光临

十三、团队餐服务

（一）团队餐服务流程

团队餐服务流程，如图4-24所示。

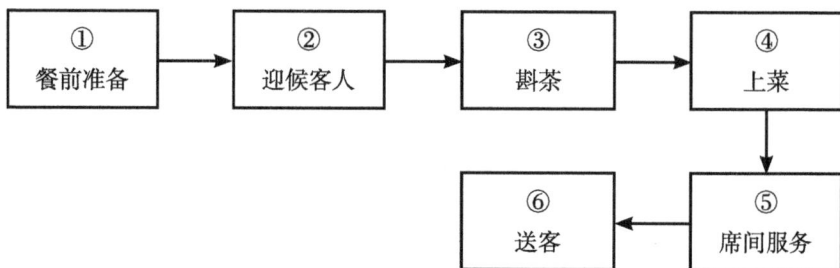

图4-24　团队餐服务流程

（二）团队餐服务细则

团队餐服务细则，如表4-24所示。

表4-24　团队餐服务细则

操作程序	工作标准
① 餐前准备	（1）用餐前，服务员应做好餐厅的环境卫生及个人卫生 （2）备好各类餐具茶壶、茶叶、暖壶，准备迎接客人
② 迎候客人	（1）客人到达餐厅时，服务员应主动、热情地迎接客人，引导客人入座 （2）对宗教信仰和风俗习惯不同的客人给予特别安排
③ 斟茶	客人入座后，服务员要立即为客斟茶
④ 上菜	客人到齐后通知上菜，服务员要掌握好上菜节奏
⑤ 席间服务	（1）将温度适宜的毛巾放在毛巾托内，从客人右侧上，根据"女士优先，先宾后主"的原则，按顺时针方向依次进行，将毛巾放在餐位的右侧，并对客人说："对不起，请用毛巾。" （2）客人食用完用手抓的食品后，服务员应上毛巾，上点心之前服务员应更换毛巾
⑥ 送客	（1）帮助客人离座，当客人要起身时，服务员要主动为客人拉开座椅，随后递上客人携带的物品 （2）客人离开餐桌时，服务员应迅速检查周围是否有客人遗留的物品，并及时处理其遗留物品 （3）当客人离开餐厅时，服务员要主动向每一位客人道别，欢迎其再次光临，和客人道别时，应微笑着注视客人

服务员及时更换毛巾。

用餐前，服务员要做好餐厅环境卫生。

十四、鸡尾酒会服务

（一）鸡尾酒会服务流程

鸡尾酒会服务流程，如图4-25所示。

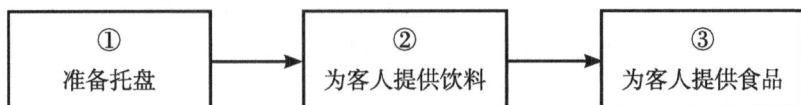

```
┌──────────┐      ┌──────────────┐      ┌──────────────┐
│    ①     │      │      ②       │      │      ③       │
│  准备托盘 │ ───→ │  为客人提供饮料 │ ───→ │  为客人提供食品 │
└──────────┘      └──────────────┘      └──────────────┘
```

图4-25　鸡尾酒会服务流程

（二）鸡尾酒会服务细则

鸡尾酒会服务细则，如表4-25所示。

表4-25　鸡尾酒会服务细则

操作程序	工作标准
① 准备托盘	使用干净托盘，铺上餐巾，在每个托盘上摆放一打饮料，将饮料摆放在托盘上，并保持托盘平衡
② 为客人提供饮料	（1）将饮料托盘平稳地托在胸前，切忌将饮料托盘托在肩膀上 （2）走近客人并主动给客人提供托盘上的饮料和餐巾 （3）回到吧台补充托盘时，服务员应将空杯子收拾好放在托盘上一并带回 （4）将脏的杯子放在服务吧台的脏杯架上 （5）用洁净的湿布将托盘上的污渍擦拭干净
③ 为客人提供食品	（1）服务员将装满食品的托盘在肩膀上托稳，在客人间走动，主动为客人提供食品 （2）如果客人需要食品，服务员应将托盘放低至客人胸部的位置，尽量不要打扰客人的谈话 （3）服务员应及时补充食品，重新装盘 （4）回到厨房或者其他地方重新装盘时，应将空盘子放在托盘上一并带回餐具室 （5）用一块干净的湿布擦拭托盘和餐桌上的污渍

第五节　酒水服务流程细则

一、白酒服务

（一）白酒服务流程

白酒服务流程，如图4-26所示。

图4-26　白酒服务流程

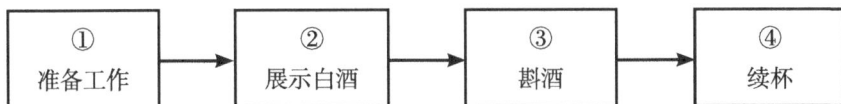

```
┌─────────┐    ┌─────────┐    ┌─────────┐    ┌─────────┐
│    ①    │    │    ②    │    │    ③    │    │    ④    │
│         │ →  │         │ →  │         │ →  │         │
│  准备工作 │    │  展示白酒 │    │   斟酒   │    │   续杯   │
└─────────┘    └─────────┘    └─────────┘    └─────────┘
```

（二）白酒服务细则

白酒服务细则，如表4-26所示。

表4-26　白酒服务细则

操作程序	工作标准
① 准备工作	（1）客人订酒后，服务员立即取酒，来回时间不得超过5分钟 （2）准备一块叠成12厘米见方的干净餐巾 （3）准备好和客人人数相符的白酒杯
② 展示白酒	在左手掌心上放上餐巾，将白酒瓶底放在餐巾上，右手扶住酒瓶上端，并呈45度倾斜，商标向上，为客人展示白酒
③ 斟酒	（1）征得客人同意后，在客人面前打开白酒 （2）服务时，左手持方型餐巾，右手持白酒瓶，按照先宾后主、女士优先的原则，从客人右侧依次为客人倒酒 （3）白酒倒入酒杯4/5的位置即可 （4）倒完一杯后轻轻转动瓶口，避免酒滴在台布上，再用左手中的餐巾擦拭瓶口

操作程序	工作标准
④ 续杯	（1）随时为客人加酒 （2）当整瓶酒将要斟完时，应询问主人是否再加一瓶，如其同意则服务程序同上 （3）如不再加酒，则及时撤走空杯

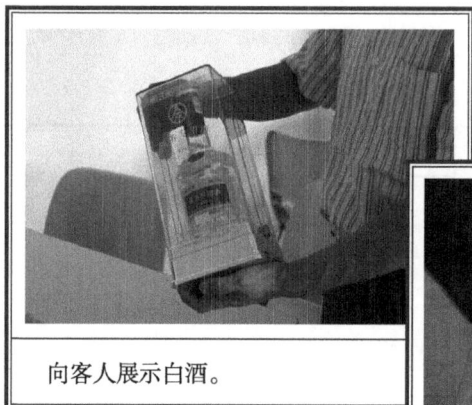

向客人展示白酒。

白酒倒入酒杯的五分之四即可。

二、黄酒服务

（一）黄酒服务流程

黄酒服务流程，如图4-27所示。

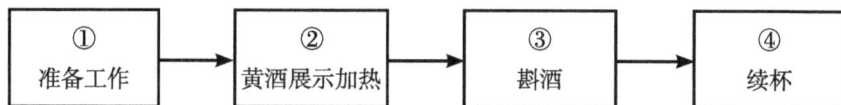

```
①          ②           ③          ④
准备工作 → 黄酒展示加热 → 斟酒  →   续杯
```

图4-27　黄酒服务流程

（二）黄酒服务细则

黄酒服务细则，如表4-27所示。

表4-27　黄酒服务细则

操作程序	工作标准
① 准备工作	（1）客人订酒后，服务员取酒，并准备与人数相对应的黄酒杯 （2）取冰桶及黄酒壶，在冰桶内装1/3的开水 （3）将冰桶放在冰桶架上，并在冰桶上横放一条叠好的餐巾
② 黄酒展示加热	（1）用一块干净的餐巾垫着黄酒坛向客人展示，将商标面对客人，然后告诉客人需等候的加热时间 （2）将黄酒打开，倒入黄酒壶内，再将黄酒壶放入盛有开水的冰桶内加热2～3分钟即可 （3）将酒杯放在客人筷子的右上方
③ 斟酒	（1）将冰桶架拿到主人座位的右侧 （2）当黄酒加热至35℃左右时开始斟酒 （3）服务员斟酒时，左手拿餐巾，右手从冰桶中拿出黄酒壶，用餐巾将壶底部擦干净，按女士优先、先宾后主的原则依次从客人右侧为客人倒酒，倒入4/5杯即可
④ 续杯	（1）随时为客人加酒 （2）当整壶酒将要斟完时，应询问主人是否再加一壶，如其同意则服务程序同上 （3）如不再加酒，则及时撤走空杯

三、啤酒服务

（一）啤酒服务流程

啤酒服务流程，如图4-28所示。

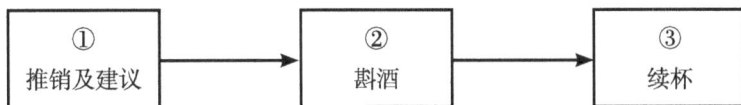

图4-28　啤酒服务流程

（二）啤酒服务细则

啤酒服务细则，如表4-28所示。

表4-28　啤酒服务细则

操作程序	工作标准
① 推销及建议	（1）在客人订饮品时，服务员向其介绍本餐厅提供的啤酒及其特点（酒的度数等） （2）为客人写订单并到柜台取酒，这段时间总共不得超过5分钟
② 斟酒	（1）用托盘送来啤酒及冰冻酒杯，依据先宾后主、先女后男的原则斟酒 （2）提供服务时，服务员站在客人右侧，左手托托盘，右手将冰冻啤酒杯放在客人餐盘的右上方，倒啤酒时应使啤酒沿杯壁慢慢滑入杯中，以减少泡沫 （3）倒酒时，酒瓶商标应面向客人 （4）啤酒应斟十分满，但不得溢出杯外 （5）如瓶中啤酒未倒完，应把酒瓶商标面对客人，摆放在酒杯右侧，间距2厘米
③ 续杯	（1）随时为客人加啤酒 （2）当杯中啤酒仅剩1/3时，服务员应主动询问是否需要添加 （3）如不需要续杯，则及时撤下空杯

四、葡萄酒服务

（一）葡萄酒服务流程

葡萄酒服务流程，如图4-29所示。

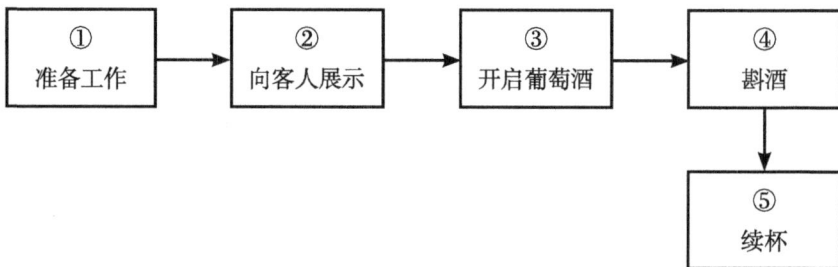

图4-29　葡萄酒服务流程

（二）葡萄酒服务细则

葡萄酒服务细则，如表4-29所示。

第四章　餐厅服务流程细则

表4-29　葡萄酒服务细则

操作程序	工作标准
① 准备工作	（1）客人订完酒后，服务员立即去酒吧取酒，来回不得超过5分钟 （2）检查葡萄酒的标识及年份 （3）在冰桶中放入1/3桶的冰块，再放入1/2桶的水后，将其放在冰桶架上，并配一条叠8厘米宽的条状餐巾 （4）取回葡萄酒后，将其放入冰桶中，使商标向上 （5）在客人水杯的右侧摆放葡萄酒杯，间距1厘米
② 向客人展示	（1）服务员将准备好的冰桶架、冰桶、餐巾条、小酱油碟一次性拿到主人座位的右侧，将小酱油碟放在主人餐具的右侧 （2）左手持餐巾，右手持葡萄酒瓶，将酒瓶底部放在中间部位，再将条状餐巾两端拉起至酒瓶商标以上部位，并使商标露出 （3）右手持用餐巾包好的酒瓶，用左手四个指尖轻托住酒瓶底部，送至主人面前，请主人看清酒的商标，并问主人是否可以服务
③ 开启葡萄酒	（1）得到客人允许后，服务员将酒放回冰桶中，左手扶住酒瓶，右手用开酒刀割开铅封，并用一块干净的餐巾将瓶口擦干 （2）将酒钻垂直钻入木塞，注意不要旋转酒瓶，待酒钻完全钻入木塞后，轻轻拔出木塞，保证木塞出瓶时不发出声音 （3）将木塞放入小酱油碟中，摆放在主人葡萄酒杯的右侧，间距1～2厘米
④ 斟酒	（1）服务员右手持用条状餐巾包好的酒瓶，使商标朝向客人，从主人右侧为主人斟1/5杯的葡萄酒，请主人确认并品评酒质 （2）在主人认可后，按先主后宾、女士优先的原则依次为客人斟酒，斟酒时应站在客人的右侧，斟入2/3杯即可 （3）每斟完一杯酒要轻轻转动一下酒瓶，以免酒滴出 （4）斟完后，将葡萄酒放回冰桶，保证商标向上
⑤ 续杯	（1）随时为客人添加葡萄酒 （2）当整瓶酒将要斟完时，服务员应询问主人是否再加一瓶，如主人不要加酒即观察客人，待其喝完酒后，立即撤掉空杯

五、葡萄汽酒服务

（一）葡萄汽酒服务流程

葡萄汽酒服务流程，如图4-30所示。

```
┌──────────┐     ┌──────────┐     ┌──────────┐     ┌──────────┐
│    ①     │ ──→ │    ②     │ ──→ │    ③     │ ──→ │    ④     │
│  准备工作  │     │ 向客人展示 │     │ 开启葡萄汽酒 │     │   斟酒    │
└──────────┘     └──────────┘     └──────────┘     └──────────┘
```

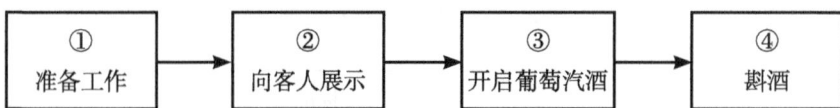

图4-30　葡萄汽酒服务流程

（二）葡萄汽酒服务细则

葡萄汽酒服务细则，如表4-30所示。

表4-30　葡萄汽酒服务细则

操作程序	工作标准
① 准备工作	（1）准备好冰桶 （2）服务员将酒从酒吧中取出，擦拭干净后放在冰桶内冰镇 （3）将酒连同冰桶和冰桶架一起放到客人桌旁，以不影响正常服务为宜
② 向客人展示	（1）服务员将准备好的冰桶架、冰桶、餐巾条、小酱油碟一次性拿到主人座位的右侧，将小酱油碟放在主人餐具的右侧 （2）左手持餐巾，右手持葡萄汽酒瓶，将酒瓶底部放在餐巾的中间部位，再将条状餐巾两端拉起至酒瓶商标以上部位，使商标露出 （3）右手持用餐巾包好的酒，用左手四个指尖轻托住酒瓶底部，送至主人面前，请主人看清酒的商标，并问主人是否可以服务
③ 开启葡萄汽酒	（1）服务员将酒瓶从冰桶内取出向主人展示，待主人确认后放回冰桶内 （2）用酒刀将瓶口处的锡纸割开除出，将酒瓶倾斜45度，左手握住瓶颈，同时用拇指压住瓶塞，右手将捆扎瓶塞的铁丝拧开、取下，用干净餐巾包住瓶塞顶部，左手依旧握住瓶颈，右手握住瓶塞，双手同时反方向转动并缓慢地上提瓶塞，直至瓶内气体将瓶塞完全顶出 （3）开瓶时动作不宜过猛，不要将瓶口朝向客人
④ 斟酒	（1）斟酒时服务员右手持酒瓶，从客人右侧、沿顺时针方向按女士优先、先宾后主的原则进行 （2）斟酒量为2/3杯 （3）每斟一杯酒最好分两次完成，以免杯中泛起泡沫溢出，斟完酒后需将瓶身顺时针轻转一下，防止瓶口的酒滴出 （4）酒的商标始终朝向客人 （5）为所有的客人斟完酒后，将酒瓶放回冰桶内冰镇 （6）当酒瓶中只剩下一杯的酒量时，需及时征求主人意见，是否准备另外一瓶

为客人展示葡萄酒。

为客人斟酒。

六、饮料服务

（一）饮料服务流程

饮料服务流程，如图4-31所示。

```
┌─────────┐      ┌─────────┐      ┌─────────┐
│   ①     │ ───▶ │   ②     │ ───▶ │   ③     │
│  准备   │      │ 饮料服务 │      │混合饮料服务│
└─────────┘      └─────────┘      └─────────┘
```

图4-31　饮料服务流程

（二）饮料服务细则

饮料服务细则，如表4-31所示。

表4-31　饮料服务细则

操作程序	工作标准
① 准备	（1）服务员为客人写订单并到柜台取饮料，来回总共不得超过5分钟 （2）将饮料和杯具放于托盘上 （3）注意一定要当着客人的面开启饮料
② 饮料服务	（1）将饮料杯放于客人右侧 （2）从客人右侧按顺时针方向服务，以女士优先、先宾后主为原则 （3）服务员使用右手为客人斟倒饮料，速度不宜过快 （4）把未倒空的饮料瓶放在杯子的右前侧，将商标朝向客人 （5）如客人使用吸管，服务员需将吸管放在杯中

操作程序	工作标准
③ 混合饮料服务	（1）服务员将盛有主饮料的杯子放在客人右侧 （2）在配酒杯中斟酒，并根据客人要求配加饮料 （3）使用搅棒为客人调匀饮料 （4）将搅棒和配酒杯带回服务桌

服务员要从客人右侧将饮料倒入杯中。

为客人斟倒饮料时，速度不宜过快。

七、冰茶服务

（一）冰茶服务流程

冰茶服务流程，如图4-32所示。

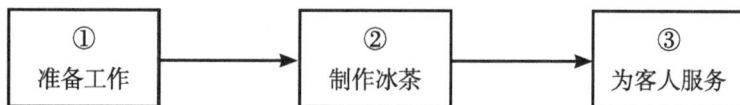

```
┌─────────┐      ┌─────────┐      ┌─────────┐
│    ①    │ ───→ │    ②    │ ───→ │    ③    │
│  准备工作 │      │  制作冰茶 │      │ 为客人服务 │
└─────────┘      └─────────┘      └─────────┘
```

图4-32　冰茶服务流程

（二）冰茶服务细则

冰茶服务细则，如表4-32所示。

表4-32 冰茶服务细则

操作程序	工作标准
① 准备工作	（1）准备长饮杯，长饮杯应干净、无破损 （2）将适量的茶包放入水瓶中，用沸水沏茶 （3）将沏好的茶水放入冰箱内冷藏，温度为2℃～6℃ （4）准备一个半圆片的柠檬片 （5）在摆罐中倒入2/3罐的糖水 （6）准备一支吸管和一支搅棒
② 制作冰茶	（1）在长饮杯中放入适量的冰块 （2）将凉茶倒入长饮杯至4/5处 （3）将柠檬片放入杯中 （4）将吸管插入杯中
③ 为客人服务	（1）使用托盘，在客人右侧服务 （2）先在客人面前放一块杯垫，再放上冰茶，在其右侧放一杯装有糖水的奶罐 （3）将搅棒放在冰茶和奶罐之间

八、咖啡服务

（一）咖啡服务流程

咖啡服务流程，如图4-33所示。

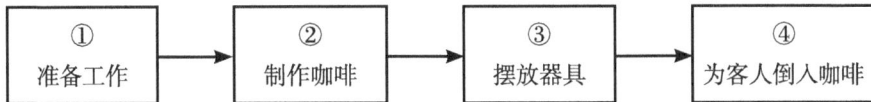

图4-33 咖啡服务流程

（二）咖啡服务细则

咖啡服务细则，如表4-33所示。

表4-33　咖啡服务细则

操作程序	工作标准
① 准备工作	（1）准备咖啡壶，咖啡壶应干净、无茶锈、无破损 （2）准备咖啡杯和咖啡碟，咖啡杯和咖啡碟应干净、无破损 （3）准备咖啡勺，咖啡勺应干净、无水迹 （4）准备奶罐和糖盅，奶罐和糖盅应干净、无破损 （5）向奶罐内倒入2/3罐的新鲜牛奶 （6）向糖盅内放入袋装糖，糖袋应无破漏、无污迹、无水迹
② 制作咖啡	（1）取用冲调一壶咖啡所需的咖啡粉或现磨咖啡豆 （2）将咖啡粉容器取下，在容器内铺垫一张咖啡过滤纸，将咖啡粉倒入容器中，并放回到咖啡机上 （3）从咖啡机上部的注水口注入一大壶冷水 （4）4分钟后，咖啡将自动煮好，流入到咖啡壶中 （5）如用自动咖啡机，一般每杯咖啡的制作时间需为20秒钟
③ 摆放器具	（1）使用托盘，在客人右侧服务 （2）将干净的咖啡碟和咖啡杯摆放在客人餐台上 （3）如客人只喝咖啡，则摆在客人的正前方 （4）如客人同时食用甜食，则将咖啡摆在客人的右侧
④ 为客人倒入咖啡	（1）为客人倒咖啡时，按顺时针方向进行，以女士优先、先宾后主为原则 （2）咖啡斟至2/3杯处 （3）将奶罐和糖盅放在餐桌上，便于客人取用

第六节　结账服务流程细则

一、现金结账服务

（一）现金结账服务流程

现金结账服务流程，如图4-34所示。

```
┌─────────┐     ┌─────────┐     ┌─────────┐     ┌─────────┐     ┌─────────┐
│    ①    │     │    ②    │     │    ③    │     │    ④    │     │    ⑤    │
│ 检查账单 │ ──▶ │ 打出账单 │ ──▶ │ 递上菜单 │ ──▶ │ 现金结账 │ ──▶ │ 感谢客人 │
└─────────┘     └─────────┘     └─────────┘     └─────────┘     └─────────┘
```

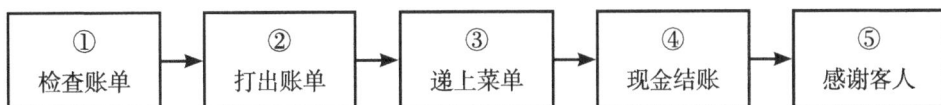

图4-34   现金结账服务流程

（二）现金结账服务细则

现金结账服务细则，如表4-34所示。

表4-34   现金结账服务细则

操作程序	工作标准
① 检查账单	服务员检查台号、菜品、酒水品类和价格是否正确
② 打出账单	加上缺少项目，检查总计金额
③ 递上菜单	服务员将账单放入账单夹内，站在客人右侧服务，鞠躬并说"谢谢"，将夹子放在客人面前，打开并放下一支笔，用手指指出总数，不用说出来
④ 现金结账	检查客人所付现金，把钱和账单送给收银员，检查收银员找回的钱是否准确，然后将账单条和找赎送回给客人
⑤ 感谢客人	收回夹子并有礼貌地说"谢谢"

为客人结账。

柜台结账服务。

二、信用卡结账服务

（一）信用卡结账服务流程

信用卡结账服务流程，如图4-35所示。

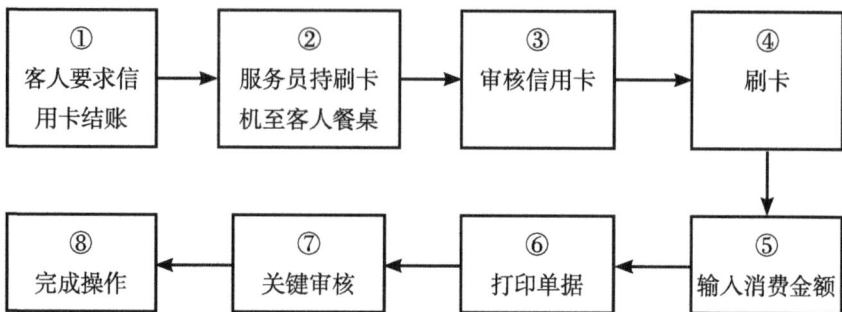

图4-35　信用卡结账服务流程

（二）信用卡结账服务细则

信用卡结账服务细则，如表4-35所示。

表4-35　信用卡结账服务细则

操作程序	工作标准
① 客人要求信用卡结账	服务员询问客人结账方式，客人要求用信用卡结账
② 服务员持刷卡机至客人餐桌	服务员从收银处取出刷卡机，到客人餐桌
③ 审核信用卡	（1）信用卡卡面要求完整 （2）信用卡在有效期间内 （2）如不符合上述要求，则将卡退还客人
④ 刷卡	（1）磁条面向内刷卡，核对卡号与刷卡机荧屏所显示卡号是否一致 （2）如卡号不相符，则将卡退还给客人

操作程序	工作标准
⑤ 输入消费金额	（1）将消费金额输入刷卡机，输入的最小单位为分 （2）如有密码，请客人输入密码并确认
⑥ 打印单据	（1）打印两张交易凭单，请客人核对单据金额 （2）要求客人在单据第一联签字确认
⑦ 关键审核	核对信用卡背面预留印鉴与客人在单据上的签字是否相符
⑧ 完成操作	第一联即商户存根联与账单即刻交回收银员结账，结算卡与第二联即客户存根联退还给客人

三、支票结账服务

（一）支票结账服务流程

支票结账服务流程，如图4-36所示。

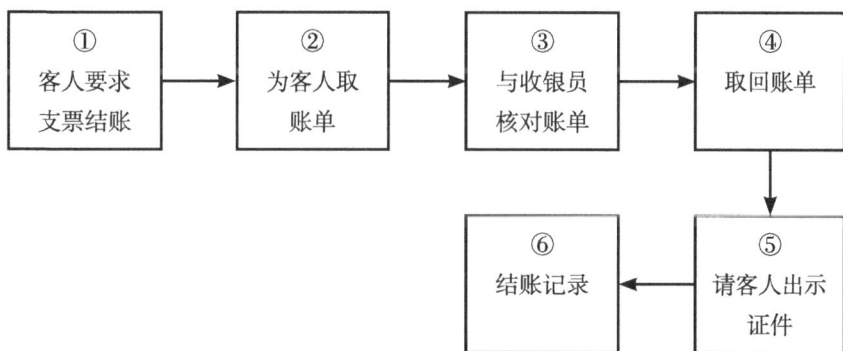

图4-36　支票结账服务流程

（二）支票结账服务细则

支票结账服务细则，如表4-36所示。

表4-36　支票结账服务细则

操作程序	工作标准
① 客人要求 支票结账	当客人要求用支票结账时，服务员请客人稍等
② 为客人取账单	服务员立即去收银台为客人取账单
③ 与收银员 核对账单	服务员告诉收银员需要结账的台号，并检查账单台号、人数、食品及饮品的消费额是否正确
④ 取回账单	将账单夹在结账夹内，走到主人右侧，打开结账夹，右手持账夹上端，左手轻托账夹下端，递至主人面前，请主人检查，注意不要让其他客人看到账单
⑤ 请客人出示证件	请客人出示身份证并注明联系电话及单位地址
⑥ 结账记录	（1）收银员结完账并记录证件号码及联系电话、单位地址后，服务员将账单第一联与支票存根核对后送还给客人，并真诚地感谢客人 （2）如客人使用密码支票，应请客人直接在支票密码栏中填写密码

四、抵用券结账服务

（一）抵用券结账服务流程

抵用券结账服务流程，如图4-37所示。

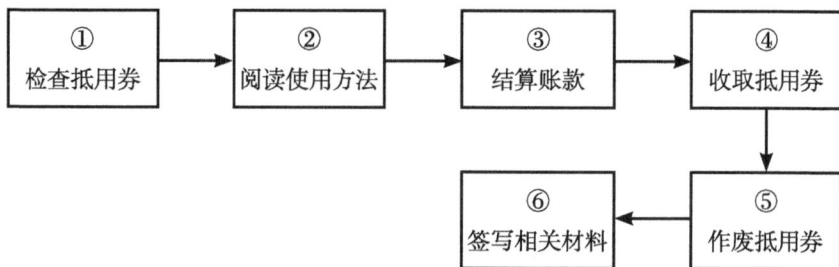

图4-37　抵用券结账服务流程

（二）抵用券结账服务细则

抵用券结账服务细则，如表4-37所示。

表4-37 抵用券结账服务细则

操作程序	工作标准
① 检查抵用券	收银员检查客人所持抵用券，一般包括各种代金券、折价券、赠券和友情卡等
② 阅读使用方法	收银员应仔细阅读，以确定是否可以找零，是否可以分次使用，是否可以组合使用，以及是否可以开具发票等
③ 结算账款	收银员根据顾客的要求正确计算出客人应使用的抵用券及现金的组合，当顾客对抵用券的使用方法有误解时，应委婉地向顾客解释，如自己无法处理，应及时通知收银主管
④ 收取抵用券	收银员结算完款项后，操作收银机，弹开钱箱，将抵用券放入，然后关闭钱箱
⑤ 作废抵用券	交易完成后，收银员要立即在抵用券上加注作废标志。不得积攒抵用券
⑥ 签写相关材料	收银员在作废抵用券后应马上在其背面上加签自己的姓名、日期及收银机号，然后放入钱箱，并关闭钱箱

五、开发票服务

（一）开发票服务流程

开发票服务流程，如图4-38所示。

```
┌──────────────┐     ┌──────────────┐     ┌──────────────┐
│      ①       │ ──> │      ②       │ ──> │      ③       │
│ 询问客人有关信息 │     │   开具发票    │     │  为客人送上发票 │
└──────────────┘     └──────────────┘     └──────────────┘
```

图4-38 开发票服务流程

（二）开发票服务细则

开发票服务细则，如表4-38所示。

表4-38　开发票结账服务细则

操作程序	工作标准
① 询问客人有关信息	（1）客人结账时，如提出开具发票的要求，服务员应礼貌地询问客人发票上需要写明的单位名称 （2）服务员应礼貌地告诉客人，账单的第一页将留在收银处存档，并告诉客人所需要等待的时间
② 开具发票	（1）服务员将账单第一页交给收银员，并告诉收银员发票上应写明的单位名称，请收银员为客人开具发票 （2）检查发票上的单位名称、数字填写是否正确
③ 为客人送上发票	将发票夹在结账夹内，站在右侧交给主人，并再次感谢客人在本餐厅消费

第五章

餐厅菜品销售技能

菜品推销是餐饮服务工作中的重要环节，因此服务人员应具备一定的菜品推销技能。服务人员应当根据不同客人的心理，介绍不同的菜点，并实事求是、有针对性地推介菜品，满足客人的不同需求。

第一节　掌握调味知识

点菜员可充分利用自己掌握的调味知识来销售菜品，这样既能灵活推销，还可帮助客人扩大菜品选择的范围。

一、找出相似规律，适应客人需求

以辣味型菜品为例，点菜员可根据客人的不同需求，找出相似的规律。

（一）对辣的需求程度

就餐时，有的客人喜欢干辣、麻辣等口味重些的菜肴，有的客人喜欢辣味适中或微辣的菜肴。复合辣味型可分为如下三种。

（1）浓辣味型：朝天椒的干辣味型，浓麻辣味型，冲鼻的芥末辣味型。

（2）中度辣味型：清麻辣味型，怪味味型。

（3）微辣味型：酸辣味型，甜辣味型，咖喱味型，胡椒味型，葱香味型，蒜香味型，姜香味型。

（二）按客人地域习俗的需求

我国南方地区喜食甜辣、酸辣、麻辣和咖喱味型的菜品，还有部分地区喜欢葱香、姜香、蒜香味型、怪味型的菜品。北方则绝大多数喜食酸辣、甜辣、香辣、怪味、蒜香、葱香、姜香味型。

（三）按佐餐、佐酒需求

一般复合辣味型的凉菜适合佐酒类需求，热菜中的酸辣、甜辣、香辣和怪味型也适合佐酒类口味需求。适合佐餐类的菜品味型有热菜中的麻辣、香辣、甜辣味型，利于开胃、消食。

（四）按季节需求

一般客人在春季喜食甜辣味型菜品，夏季喜食苦味菜品，秋季喜食酸辣味菜品，冬季喜食麻辣浓味菜品。

（五）按中、西餐的口味要求

中餐常用酸辣、麻辣、甜辣、怪味、咖喱味型来调制菜品。西餐喜用酸辣、香辣、咖喱味型来突出西餐菜品的味型。

（六）多种复合味型体现

（1）"清麻辣味型"的口味特点体现为麻辣清香、咸鲜爽口；"浓麻辣味型"的口味特点体现为麻辣香浓、鲜咸醇厚。

（2）"酸辣味型"的口味特点体现为酸香微辣、咸鲜清爽；"甜辣味型"的口味特点体现为咸甜微辣、鲜香醇厚。

（3）"辛辣味型"中的葱香味型用于冷菜中，其口味特点体现为葱香清爽、甘鲜微辣；用于热菜中则体现为葱香浓郁、咸鲜味厚。

（4）"蒜香味型"用于冷菜中，其口味特点体现为蒜香清爽、咸鲜微辣；用于热菜中则体现为蒜香浓郁、鲜咸味厚。

（5）"姜香味型"的口味特点表现为醇厚、咸鲜清爽。"香辣味型"的口味特点体现为香浓微辣、鲜咸醇厚。"胡椒味型"的口味特点体现为胡椒香浓、鲜咸微辣。

（6）"咖喱味型"的口味特点体现为咖喱香浓、鲜咸微辣。"新加坡式咖喱猪肉片"还体现为水果清香等多种复合味型。

（7）"鱼香味型"的口味特点主要体现为咸、甜、酸、辣兼备，葱、姜、蒜香浓郁或清香爽口的多种复合味型。

（8）"怪味味型"的口味特点体现为咸、甜、酸、辣、麻、鲜、香七味并重。

因此，点菜员在点菜时，只会介绍菜品的口味是不够的，必须通过口音和交谈话语的内容了解客人的地域习俗，以便在进一步的沟通中，发现客人对餐厅的菜式口味是否适应，还有没有其他特殊要求。只有充分了解客人的个性需求，才能使菜肴的口味适合客人的需求。

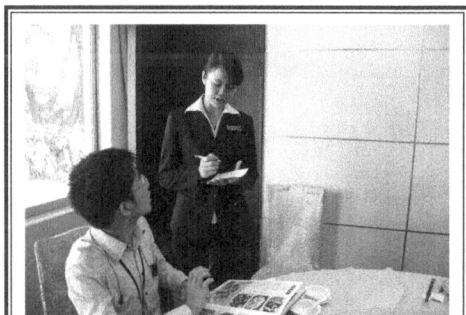

客人点菜时，点菜员要了解客人的个性需求。

几位先生来到一家餐厅就餐，他们选了一道招牌菜"糖醋鱼"。服务员将菜端上来后有位先生一尝就提出"味不对"，要求退菜。当时服务员还纳闷，这道菜向来卖得很好，按理说，质量口味应该都没有问题，于是她回答道："不能退。"双方僵持不下。这时，该桌的点菜员小柳微笑着向客人请教退菜原因，一问才明白，这几位先生全是江浙人，这道菜醋味太浓，他们接受不了，觉得甜味略大一些就可以了。

小柳马上意识到自己在点菜时，没有将菜的口味及调料的产地告诉客人。因为同样是醋，江南的醋和北方的醋浓度不同，糖醋口味中糖和醋的比例也不相同。小柳很感激这桌客人，让她不交学费就学会了一种点菜技巧。于是，小柳请示领班让厨房重新做了一道"糖醋鱼"，这样的处理让客人感到非常满意。后来，他们每次来这里吃饭都找小柳点菜，并为小柳推荐了不少客人。

小柳发现，只有在出现问题后，自己仔细、虚心地听取客人的意见或建议，了解不同客人的需求，尊重客人、体谅客人的饮食习惯及习俗，才能让客人"乘兴而来，满意而归"。

二、记录客人的口味喜好和忌讳

点菜员在记录客人点的菜品时，一定要诚恳地提示并记录客人的特殊喜好和忌讳等。

（一）对某一口味的偏爱

客人的特殊喜好表现在对某一口味的偏爱，如清淡一些，浓重一些或辣味要轻一些等。点菜员在记录点菜单时，一定要清楚、准确地记录。这是对客人负责、尊重客人的体现。

（二）牢记熟客偏爱的菜品

对熟客偏爱的菜品，点菜员一定要记到脑子里。只要客人一到，服务员就及时上前问候，然后说："您喜欢的白灼青菜，今天是新鲜原料，再来一盘好吗？"记住客人的喜好，给他一个惊喜，客人会更加忠实于本餐厅，产生一种回家的温暖感觉。

（三）牢记客人忌讳

点菜时，对客人忌讳的口味和调味料，点菜员要准确地记录在点菜单中。忌讳是指客人对菜品的口味（如对辣过敏）或某些调味料（如葱、蒜、香菜、生姜等）忌口。因此点菜员要切记，在点菜结束时，应询问客人有无忌口，如有则要在点菜单上标注清楚。

第二节　学会巧算价格

价格是商品价值的货币表现形式。通常，来餐厅消费的客人对价格最为敏感，作为点菜员，如何规避价格给客人带来的不快并实现餐厅盈利呢？

一、菜品价格与质量

点菜员明确菜品销售价格与质量的关系，是点菜推销的基本原则。任何消费都有一定的价格标准，消费价格标准的高低往往是反映消费形式与消费菜肴档次的依据，消费价格标准的高低主要取决于食材品质的选择与搭配。

（一）商务宴请

对商务宴请，点菜员可以推荐如燕窝、鲍鱼、鱼肚、海参等高品质、高价位的主菜，然后兼顾被宴请客人的地域、饮食习俗、口味爱好和忌讳，以及对各种菜品的偏爱程度，适时地介绍本店的特色菜、创新菜。本着"细菜精做，营养平衡"的原则配以数量不多、价位适中的时蔬小炒，达到精品的效果。这样不仅能体现出商务宴请者的诚意和实力，说明宴请的重要性，更能让餐厅提高盈利。

对于商务宴请，点菜员可以推荐高品质、高价格的菜。

（二）家庭聚餐

家庭团聚的就餐是以吃为主，讲究的是实惠。点菜时，点菜员要向其推荐一些价位适中、做工考究、粗菜细做的菜品。在低价位菜品的食材选择上，辅料要大于主料（例如，荤素搭配时，素菜的量要大于荤菜的量）。菜品的品种、数量、口味要丰富；在兼顾中、低价位的同时，不要忘记照顾老人、孩子和女士的特殊需求。

二、菜品价格与销售

在点菜服务的过程中，点菜员要灵活运用菜品价格这一工具，对不同客人、不同需求、不同消费档次进行测量，具体包括"巧用份数法"、"菜肴价格分解计算法"、"加权平均法"、"消费奖励（赠送法）"等销售技巧，以此来赢得客人对菜品的认可，从而增加菜品销售数量。

（一）巧用份数法

当客人较多又同坐一桌时，通常点一盘菜可能不够分，特别是大家都偏爱的菜，点菜员这时应建议客人采取"一菜双卖"（即双份）或"一菜三卖"（即三份的量）的方式，取得客人的认可后，将菜的份数准确记录在点菜单上。

当丰富的大盘端上桌时，菜香、味足、量大又实惠，定会令客人满意。这种方式适合人多又希望坐同一桌方便谈话的客人，如久别重逢的朋友、同学、战友之类的团聚就餐等。

（二）菜肴价格分解计算法

有的客人见到高档菜品觉得造型高雅，档次高又体面，但一问价格便犹豫不决，这时点菜员要学会用价格分解法来推销，如"大家共同品尝这道菜，平均每人十几块钱就能尝到这么有品味的菜，多值啊"。这时点菜员用的是按人数去分解价格，听起来不再昂贵，客人也就更容易接受了。

（三）加权平均法

一般一家三口到餐厅就餐，男士喜欢体面，以显示自己实力，往往点价位高的菜；而女士坐在一旁，觉得没有外人来，自家人不应该太浪费。这时点菜员在肯定男士点菜的同时，再介绍一道既美容又价廉的时蔬菜，便可以兼顾二人的的选择。点菜员可以说："两个菜一共才花××钱，平均起来更实惠，如果在家里自己做，既做不出这个口味，更享受不到餐厅的服务和氛围。"

（四）奖励法

餐厅的经营有淡、旺季之分。同样，一天之中也有淡、旺时段之别，点菜员可在淡季（时段）来临之际采取消费到一定额度就给予奖励的办法，即赠送1～4道菜品，令客人皆大欢喜。这种方法也适合刚开业的餐厅，不仅可以给客人带来惊喜，还可以给餐厅积累客源，增加收入。

三、巧妙判断客人的消费档次

能否准确判断客人的消费档次是由点菜员的专业知识和职业悟性决定的。

（一）客人身份

通过客人的仪表、谈吐、举止判断其大致的身份。例如，客人夹着一个黑色公文包，一只手拿着手机在频繁地打电话，那么该人可能是老板或秘书。这时，点菜员则应主动上前问候"请问几位，是否有预订？"等。通过短暂沟通，就可判断出该客人的宴请标准和档次。

点菜员要根据客人仪表、谈吐等判断其身份。

（二）话语判断

点菜员在工作中一定要处处留心，有时通过客人的一句话就可判断出客人的消费档次。例如，客人一进餐厅就说："服务员，先来一瓶五粮液，要货真价实的。"点菜员由此就能判断出：该客人今天的宴请档次非同一般！这样，点菜员就可以适时主动地推销高品质的菜式，并要做到真诚介绍、精细安排。

第三节　针对不同客人销售

由于不同客人在年龄、性别、体质、职业等方面有差异，所以点菜员在为客人服务时，也要区别对待，将自己所学的营养知识灵活运用到日常工作中。

一、按年龄销售

（一）儿童

现在很多家庭都只有一个孩子，点菜员千万不可忽视为儿童客人的服务，因为其成功的消费经历可能为点菜员带来更多的潜在客人。点菜员在为儿童设计和推荐菜品时，要注意以下几个方面的因素。

（1）菜肴要色泽鲜艳，质感鲜嫩易消化，口味清淡无刺激，甜酸适宜。

（2）菜品属营养丰富、易消化的滋补类。

（3）原料的形状要小，便于儿童食用，且刀工精细。

（4）菜肴的烹调方法尽量以爆炒、汤爆、软熘、清炖、水煮、清炸、蜜汁、挂霜等为主。

点菜员可为儿童推荐"韭黄炒鱼子"、"绿豆芽炒鲩鱼丝"、"胡萝卜西红柿鸡蛋汤"、"虾仁扒大白菜"、"鱼片菠菜汤"、"黄瓜炒鸡肝"、"萝卜瘦肉汤"、"蔬白炒虾米"、"大骨炖萝卜"，这些菜式均可助消化、补脑益智，而且营养丰富，有利于儿童生长发育。

（二）青年

青年消费者的特征是身体健壮、精力充沛、追求时尚，喜欢创新菜式。点菜员在为青年消费者设计菜品时，可从以下几个方面着手。

（1）体现西方饮食文化的时尚潮流菜式，备受青年白领的喜爱。

（2）年轻人追求的是吃得"酷"，昆虫、花类、海水蔬菜、山野菜、绿色环保蔬菜备受年轻人的喜爱。

（3）菜品要天天出新，以满足年轻人求新、求异、求时尚的需求。适宜为青年人推荐的菜式包括"油炸蚕蛹"、"核桃全蝎"、"野生菌汤"、"川味菜水煮鱼"等。

（三）中老年人

生活节奏的加快，使许多中年人的身体器官正在提前老化。点菜员在为这部分客人设计和推荐菜品时要注意以下事项。

（1）多选一些富含优质蛋白的鱼类，多补钙。

（2）多食新鲜蔬菜和豆制品，减少热能的源头——脂肪、糖类，多推荐低脂、高蛋白质的菜品。

（3）菜肴的烹调方法为炖、清蒸、煨制等，有利于补充体内缺少的营养素，排出体内多余的垃圾。

适合为中老年人推荐的菜式包括滋补类菜式，如"鲫鱼炖豆腐"、"肉丝炒时蔬"、"盐水排骨"、"白萝卜炖肉"等；降脂排毒的菜式，如"黑木耳炒白菜"、"清炒丝瓜"、"黄花菜炒肉丝"；家常的菜式，如"韭菜炒肉丝"、"清炒蕨菜"、"苦菜烧肉片"、"魔芋豆腐"、"香椿炒竹笋"等。

二、按性别销售

（一）女士注重养颜美容

女性最担心的是容颜的衰老。所以，点菜员在为此类客人推荐菜品时，应多考虑由可防止面部皮肤老化、滋润皮肤的食材组成的菜品。如"草菇炒笋片"、"红烧皮丝"、"大葱烧蹄筋"、"排骨墨鱼煲"、"银耳鸽蛋汤"等。

点菜员平时应对此类食材多加了解和掌握，以便在点菜时能运用自如。有助于女士皮肤的滋补、除皱，能调解血液的酸碱度，防止分泌过多的油脂的食材包括如下几类。

（1）牛奶。牛奶能改善细胞活性，增强皮肤弹性、张力，除去小皱纹，延缓皮肤衰老。

（2）肉皮。肉皮中含有丰富的胶原蛋白，能使细胞变得丰满，增加皮肤弹性，减少皱纹。

为女士推荐可以美容护肤的菜品。

（3）海带。海带中含有丰富的矿物质钙、磷、铁及多种维生素，其中维生素B1、维生素B2含量丰富。常吃可调解血液的酸碱度，防止皮肤分泌过多的油脂。

（4）西兰花。西兰花富含维生素A、维生素C和胡萝卜素，能保持皮肤的弹性和抗损能力。

（5）三文鱼。三文鱼所含的脂肪酸有一种特殊的生物活性物质。这种物质能消除破坏皮肤胶原的保湿因子，防止皮肤粗糙和皱纹的产生。

（6）胡萝卜。胡萝卜富含胡萝卜素，能维持皮肤细胞的正常功能，保持皮肤润泽和细嫩。

（7）大豆。一般指黄豆，富含维生素E，能破坏自由基的化学活性，可抑制皮肤衰老，防止黑斑的出现。

（8）猕猴桃。猕猴桃富含维生素C，可干扰黑色素的生成，有助于消除皮肤上的雀斑。

（9）西红柿。西红柿含有大量的维生素C和茄红素，有助于消除面部的皱纹，令肌肤光亮细嫩。常吃西红柿能增强肌肤的抗晒能力。

（10）蜂蜜。蜂蜜中含有大量氨基酸且易被人体吸收，并含有多种维生素和糖，常食蜂蜜能使肌肤滑嫩、红润、有光泽。

（二）男士注重补肾益气

随着经济的不断发展，商业应酬日益频繁，很多男士在饮食上开始注重补肾益气。所以，对于男性客人，点菜员要根据所在餐厅的食材，为客人推荐相应的菜品。

为男士推荐补肾益气的菜品。

补肾益气的菜式包括"杜仲炒腰花"、"枸杞子汁烩排骨"、"韭菜炒羊肝"、"虫草炖黄雀"、"红烧海参"、"红烧羊肉"、"爆炒鳝鱼片"、"椒盐泥鳅"等。

三、按体质销售

（一）体质虚弱者

通常，体质虚弱的客人一般胃的消化能力较差，点菜员最好能为其提供一些好消化、易吸收、暖胃的菜品，如"清蒸鲈鱼"。适用的食材有鹅肉、牛奶、蜂蜜、芝麻酱、银耳、核桃仁等，千万不能推荐辛辣刺激的菜式。

（二）糖尿病人

糖尿病是由于人体内胰岛素不足而引起糖、脂肪及蛋白质代谢紊乱所致，表现为身体消瘦、多食、多饮、多尿。中医认为此病为燥热阴虚、津液不足，因此点菜员应当为此类客人选择滋阴清热、补肾益精、少糖、低热能、多优质蛋白和富含无机盐及维生素的菜肴，以补充营养，减轻胰岛素分泌的负担，如"山药莲子大枣炖羊肚"；新鲜蔬菜，冬瓜、豇豆、芹菜和猪脑、木耳、蘑菇类食材组合的菜式也比较适宜，如

"家常南瓜片"、"瘦肉冬瓜汤"、各类野生菌汤、"蘑菇扒芥蓝"、"鸡蛋煎猪脑"等。

（三）"三高"客人

"三高"是指高血压、高血脂、高胆固醇的人群，这是典型的老年病症，点菜员可为他们选择如"葱烧海参"、"海蜇皮拌黄瓜"、"香醋拌木耳"、"煲海参粥"、"煲莲子粥"之类的菜品。

对于此类客人，点菜员在为其推荐菜品时，应注意以下几个方面。

（1）食材和菜肴应以疏通血管、稀释和降低血脂、降低胆固醇为主要功能。

（2）应选择适宜的食材，如燕麦、荞麦、麦麸、小麦、玉米、薏米、高粱米、绿豆等富含植物蛋白和粗纤维的杂粮。

（3）选择新鲜蔬菜，如油菜、芹菜、苦瓜、黄瓜、茼蒿、芋头、土豆、红薯、西红柿等。海鲜品应选择海参、海带、海蜇、海藻类；干果类应选择菱角、花生、莲子、向日葵等。

（4）适宜的水果包括山楂、柿子、香蕉、西瓜、桃子等。

（5）菜式要少盐，口味清淡；油脂少，便于消化吸收，也有利于降低血压、血脂和胆固醇。

第四节　快速拉近与客人的距离

要想与客人沟通，点菜员首先要学会在最短的时间内与客人拉近距离。通过察言观色，快速抓住客人的心理，以便更好地为客人服务等。

一、初次见面寒暄

初次见面寒暄的技巧体现在点菜员的举止、仪表等诸多方面。

（一）眼神交流时应从正面与对方目光相交

点菜员的目光应是坦然、和善、热情的，注视位置在以对方双眼为底线、唇部为顶角的倒三角形区域内，这种正面与对方目光相交的注视令人感到舒服且有礼貌，一种和谐的社交气氛也会随之营造出来，让客人感到友善。

（二）身体略向前倾面带微笑

身体略向前倾表示友善、谦恭。微笑是人内心喜悦情感的自然流露，它是自信、礼貌的表示，是真诚、热情、友好、尊敬、赞誉的象征，面带微笑给客人带来的感受是宽慰。

（三）精神饱满地与客人交流

精神饱满是健康体魄的象征，点菜员与客人交流时，首先要尽量满足客人的心愿，然后随时准备回答客人的疑问。

（四）根据表情确定寒暄内容

不同的客人表情不同，点菜员与其寒暄的内容也不应相同。

（1）对于喜上眉梢的客人，可以用同样的微笑问候客人"您好！"

（2）对于忧郁、闷闷不乐的客人，点菜员应加倍关心，主动问候："天气寒冷，请到里边靠暖气的位置坐下点菜可以吗？"这种嘘寒问暖、关心客人的态度，可以让客人忧郁的心情有所缓解。

（3）表情热烈的客人多半是战友、同学、同乡久别重逢，点菜员要以祝贺的语气欢迎大家到餐厅就餐。

（4）对于表情严肃的客人，点菜员对其寒暄时要真诚而且有度，不能频繁与其交流，否则会引起对方的反感。

二、与客人快速交往

（一）态度自然得体

点菜员在顺应客人需求，强化其购买动机的同时，更要注重自己自然得体的态度。通常，点菜员自然得体的外在表现是，顺应客人思路，根据客人的消费目的、就餐主题，站在客人的角度介绍菜品，引导客人消费。

细节提示

点菜员不能将自己的意愿和喜好强加于客人，也不能放任客人超出自己支付能力乱点菜品。

（二）获得对方的信任

在人际交往中，获得对方的信任来自于自身的诚实态度。在点菜过程中，点菜员要充当客人秘书的角色，处处替客人着想，熟悉客人的地域习俗、口味爱好。

选菜时，点菜员要十分注重客人的选择，在菜式组合上要做到口味各异，烹调方法多样，价格要高、中、低档兼顾，营养要荤素搭配合理。一次成功的消费体验会令客人记忆深刻。

（三）与对方步调一致

点菜员要读懂并领会对方的眼神和行为意图，迎合对方的喜好，顺应对方的需求，给予肯定和赞赏，其目的是强化客人的消费动机，并加以诱导。点菜员要顺应客人的购买主导动机指向，向其提供相关的菜品信息，并对菜品加以介绍、描述，使客人对菜品产生兴趣和购买欲望。

（四）迎合对方的喜好

在客人点菜的过程中，点菜员会发现女士喜欢甜食，老人喜欢酥烂食品，小孩子喜欢酸甜口味的菜品，年轻人喜欢追求新、奇、特和时尚潮流。点菜员要迎合不同人群的喜好，区别对待，介绍相关菜式。

（五）不断寻找突破口

所谓寻找突破口就是抓住点菜的关键时机。点菜员如何在短时间内抓住点菜时机的切入点，找到常见突破口，如图5-1所示。

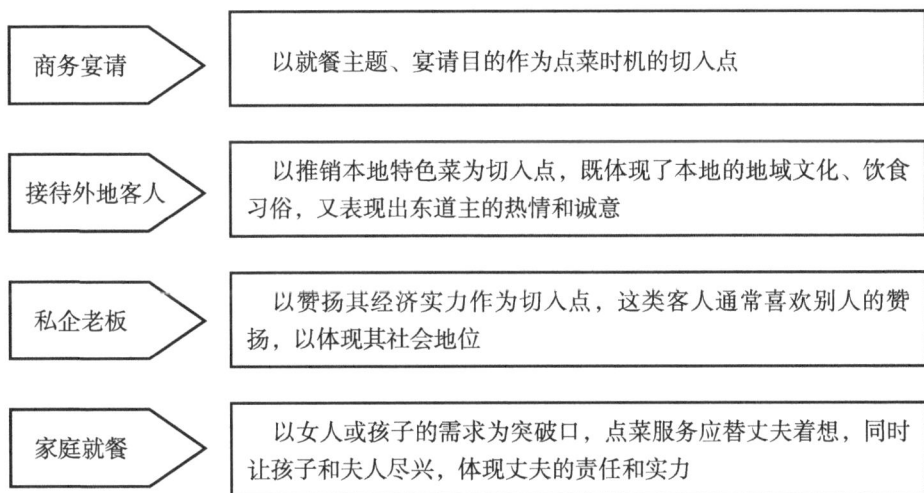

商务宴请	以就餐主题、宴请目的作为点菜时机的切入点
接待外地客人	以推销本地特色菜为切入点，既体现了本地的地域文化、饮食习俗，又表现出东道主的热情和诚意
私企老板	以赞扬其经济实力作为切入点，这类客人通常喜欢别人的赞扬，以体现其社会地位
家庭就餐	以女人或孩子的需求为突破口，点菜服务应替丈夫着想，同时让孩子和夫人尽兴，体现丈夫的责任和实力

图5-1　常见的点菜突破口

三、快速抓住客人心理

在运用初次见面的快速交往和寒暄技巧的基础上，点菜员还要掌握快速抓住客人心理的要点，与客人迅速拉近距离。

（一）看点菜人是否是容易接近的人

如果容易接近，那么客人也会比较容易接受点菜员推荐的菜式。

（二）看点菜人对事物是否有持续态度

有持续态度的人会追求一桌菜的和谐和完整，更易与点菜员沟通，容易接受点菜员的建议。

（三）看点菜人的态度是谦虚还是傲慢

点菜员向态度谦虚的客人介绍菜式时要真诚、谨慎、仔细。面对傲慢并炫耀气派的客人，点菜员要先表示钦佩他的实力，从高档菜开始介绍，然后介绍特别推荐的创新菜肴。

（四）看其他客人的表情和目光

在席面上，大家集中注视的人应该是被宴请的主宾。如看菜单时，有的客人紧皱双眉，说明他不喜欢，或有难言之隐。这时点菜员可主动提示，大家有无特殊要求，如是否有忌口等。

（五）判断点菜人的具体身份与地位

客人的身份决定了他的社会地位，而身份地位大多取决于其担任的职务，或拥有的资产。

（六）确定点菜人的阶层与支付能力

明确了点菜人的身份与社会地位也就知道了其归属于哪个阶层，不同的阶层有不同的支付能力。对此，点菜员要准确判断、区别对待。

细节提示

点菜员要学会在与客人初次见面后通过察言观色，快速抓住客人心理，掌握寒暄的技巧，以便更好地为客人服务。

四、与客人接触的关键点

当客人入座一段时间后点菜员开始全程点菜服务。这时点菜员要把握住与客人接触的三个关键点。

（一）诚恳地自我介绍

点菜员应以大方、端庄的姿态走到客人面前，进行自我介绍："我是××餐厅的专业点菜员×××，很高兴能有机会结识各位！现在由我来为你们服务。"

（二）准确地回答疑问

对客人提出的各种问题，点菜员应给予准确的回答。回答问题的过程是客人与点菜员有效沟通的过程，也是建立信任的过程。当然，点菜员的风度、气质、神态非常重要，要能够使客人解除疑虑接受点菜，认可点菜员的专业技能。

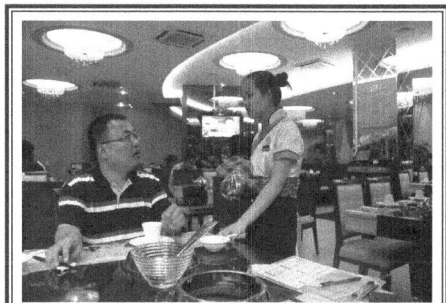

对客人提出的各种问题，点菜员要给予恰到好处的、准确的回答。

（三）摸清客人喜好

在与客人近距离的交谈中，点菜员会对客人的基本喜好和期望有所了解。如喜欢清淡的菜肴，不喜欢浓重麻辣的菜式；是喜欢鲜活的菜品，还是喜欢荤类菜肴等。了解这些情况，将为点菜员准确推荐客人满意的菜肴奠定基础。

案例

两位衣着讲究的客人来到一家高级粤菜餐厅用餐。餐厅内装潢华丽，舞台上还有演员为客人们演奏民乐，环境十分幽雅。

服务员为客人端上茶水和香巾后，点菜员便递上菜单等候客人点菜。其中一位女士看了看菜单后问道："小姐，你们这里有没有红烧鲤鱼?"

"对不起，女士！今天正好没有这道菜，红烧类的高级菜肴有'红烧鲍鱼'。这是我们餐厅的风味菜，也是今天指定的推销菜，欢迎两位品尝。"点菜员面带微笑地推荐着。

"我就喜欢吃红烧鲤鱼，什么指定推销与我们没有关系。难道不点鲍鱼就不能在这里吃饭吗?"

"女士，我不是这个意思。我是想让你们品尝一下地道的粤菜风味。我推荐的菜，口味比红烧鲤鱼要好得多，何况红烧鲤鱼在哪里都可以吃到，但鲍鱼只能在高级餐厅才能吃到。您二位来到我们餐厅用餐，难道不想尝尝由正宗粤菜厨师加工的菜吗?"点菜员继续不厌其烦地向客人推销。

"我们要想吃正宗鲍鱼就不到这里吃了。广东、香港的鲍鱼都是正宗的，况且你这样推销实际上是看不起我们。既然没有红烧鲤鱼就算了吧。"客人说完，站起身就走了。

点菜员不知所措地望着她们的背影，她实在想不通为什么客人会拂袖离去。

案例中的点菜员虽然能够不失时机地按照餐厅当日推荐特色菜向客人推销，但服务意识不强，推销方法显得机械，因而得罪了客人。

第五节　熟练运用销售技巧

点菜员的销售技巧是点菜技巧的延续，而实现销售的核心要点则是贯穿于整个点菜过程中的。

一、赞美性销售

点菜员对客人消费的偏好要给予赞美和肯定，但措辞要适度，可赞美客人懂菜，赞美客人是美食家，赞美其风度和气质、品质修养，赞美其家人等。

（一）赞美客人懂菜

当客人很高兴并自信地点出自己喜爱的菜时，点菜员可赞美客人有眼力。如"先生，您真是一位美食家，这款菜是我们餐厅的招牌菜，是销量最好的一款菜品！"

（二）赞美客人的风度气质

遇到着装有品位、眼神流露出自信的神态、说话有亲和力的客人，点菜员要学会赞美客人是事业成功的人士，夸赞其风度气质不凡。如"您真有气质，不愧是一位职场精英！"

（三）赞美客人的品质修养

点菜员在销售服务中出现失误后，面对那些非但不责备，还鼓励自己以此为鉴的客人时，要真诚地说："对不起，由于我的失误，给您带来了麻烦和不便。您不但不责备，还鼓励我继续努力，您的修养和品德令人敬仰，谢谢您的包容！"

（四）赞美客人的家人

赞美客人家人的技巧是赞美孩子的聪明、老人的慈祥、妻子的贤惠等。如"您的孩子真聪明，歌唱得真好！"

（五）语言应适度，不能虚假吹捧

如果没等客人开口点菜，点菜员就吹捧说"一看您就是美食家"，会使客人因为感到"太假"而不知所措。

通过赞美，应该使客人产生愉悦和自豪感，从而对点菜员的销售工作给予支持。

二、实现建议性销售

点菜员开展建议性销售时要把握好销售时机，体现出自己的专业水平，并把握好建议的尺度。

（一）体现专业水平

当客人既要自己点菜，又有求于点菜员时，点菜员要展示自己的专业水平，做补充性的建议和推荐。在赢得信任的基础上选择客人喜欢的菜品，满足其消费需求。

（二）把握好建议性销售的时机

例如，看到张总又请了很多朋友来餐厅就餐，点菜员小王很有礼貌地问候之后，诚恳地建议说："张总，您是我们的常客，今晚介绍两道新菜给您和您的朋友，好吗？"用商量和征询的语气向客人推荐菜品，抓住了新客人初来就餐的时机，使客人倍感亲切。

（三）把握好客人接受建议性销售的尺度

一般消费水平高的客人强调的是菜品原料的质量和新鲜与否，消费水平较低的客人更喜欢仔细地询问菜的价格和菜量的多少。

当客人点了"清蒸大闸蟹"或点了一瓶茅台酒（又强调必须保真）时，点菜员就应该明白该客人请客的档次不会低，肯定是高档的宴请。在组合菜品时，价格上要以高档为主，同时兼顾中、低档，做到既美味又实现膳食平衡、营养互补。

三、组合性销售

组合性销售的关键是把客人喜爱的菜品进行组合，使菜品的搭配更美味、更可口、更营养、更均衡、更合理、更经济。采取组合性销售策略的关键是运用菜式搭配技巧，书写程序要和上菜程序一致，菜品味型多样，烹调方法各异，营养平衡，并按宴会的不同性质组合菜式。

（一）中餐菜品的组合性销售

中餐一般包括冷荤菜、主菜、热炒菜、甜菜（包括甜羹）、汤类、点心等。中餐菜品的组合主要是针对宴会而言。

不同性质的宴会，菜品组合性销售的技巧也不同。

（1）高档商务宴会的菜式组合为：冷盘、冰爽刺身（生吃有品味）、经典主菜（大菜）、热菜中炸制菜品（不影响造型）、鱼、肉、小炒类、时蔬类、甜菜、汤、主食。

（2）喜庆宴会的菜式组合为：8个冷盘、主菜（全家福）、炸制菜品、鱼、鸡、虾、肉（肘子）、四喜丸子、小炒类、甜菜品等10道主食。

（3）丧事聚餐的菜式组合为单数，必须有白豆腐，忌搭配咕老肉或用番茄汁制备的红色菜品。

（4）谢师宴的菜式组合应以补脑和清淡菜式为主。

（5）中档消费和一般消费菜式组合及主菜价位要根据客人的消费能力和需求爱好而定，没有严格的硬性规定。

（6）在组合性销售中，切记菜品组合要高、中、低档合理搭配，以使菜式安排更合理、更完美。

在组合性销售中，注意菜品合理搭配。

（二）西餐菜品组合性销售

西餐菜品的搭配一般包括开胃品、汤、主菜和甜食几大类。

（1）开胃品是指少量的起开胃作用的面包、黄油、冷菜或沙拉等。

（2）汤是指起到开胃作用的味道鲜美的汤菜。

（3）主菜包括海鲜和肉类，同时配有解腻作用的开胃小碟。主菜往往量大形整，造型讲究，可将就餐气氛推至高潮。

（4）甜食包括甜沙拉、水果、奶酪、甜点心及饮料等，可起到暖胃和助消化的作用。

点菜员需要注重菜点搭配的比例。首先，一桌菜品中的冷盘、大菜、热炒、时蔬、汤、点心的价格在整桌菜的价格中所占的比例要适当，以保持一桌宴席中各类菜品的档次均衡，防止冷盘档次过高，热菜档次过低。其次，还要注意消费的档次不同，菜点种类也应随之变化。

四、将菜点和酒水结合销售

在餐饮消费活动中，通常是以啤酒和冷盘、卤水类结合为宜；红酒、葡萄酒和甜品菜肴或清淡菜点结合为宜，竹叶青酒和海鲜类结合为宜，白酒和肉菜类、热菜类、干果类结合为宜。点菜员销售时要根据客人的需求因人而异。

五、规避负营养剔除性销售

负营养是指由于饮食不均衡而引起的蛋白质、脂肪在人体内的营养过剩。对于不同年龄、不同体质的客人，点菜员在介绍菜品时要明确提示其应规避负营养，对不同的人要有不同的提示。

客人在选择菜品时，点菜员应提示"熘肥肠"的脂肪含量过高，尤其应该对肥胖人群、女士和年长者提出建议及忠告，在点菜时要剔除这种高胆固醇类菜肴。

（1）对脑力劳动者要剔除过多的素菜或素食类食品，要增加蛋白质含量高的海鲜类、肉类、禽类或以肉质为食材的菜肴，但口味要清淡些。

（2）对爱美的女士要剔除刺激过多的辛辣菜肴，增加含胶质蛋白较多的滋补类菜肴，以达到美容养颜的目的。

（3）对糖尿病人要规避含糖量高的甜菜、甜点类食品，减轻胰腺的负担。

为达到健康饮食的第一需求，点菜员要因人而异提示负营养，剔除对客人身体有害的菜肴，以保证既为客人提供美味，又能为其带来健康的超值享受。

六、描述性销售

介绍名菜时，点菜员要用生动的语言描述菜品的典故、寓意等，以引起客人对美食的兴趣。如"状元豆腐"，相传在南宋乾道四年，应考的书生都居住在一条出了名的状元街巷中，有一位书生家境贫寒，每天只能去买一位老婆婆的豆腐充饥，谁知他后来竟中了状元，于是"状元豆腐"也就出了名。

这道菜寓意顺利、高升、成功、吉祥。高考前期，家长都愿意给孩子点这道菜，就是为了图个吉利，希望自己的孩子能考出好成绩。

七、借力销售

点菜员可借助餐厅的名气、节假日的营销活动、金牌获奖菜的美名以及名人效应向客人推荐相应的菜式，这样会得到事半功倍的效果。

（一）借助餐厅的名气推销

沈阳鹿鸣春是历经百年沧桑的老字号，其名字"鹿鸣春"取自《诗经·小雅》，有浓厚的历史文化韵味。20世纪80年代末期，其经营出现了前所未有的火爆，每次接待外宾时，点菜员都要介绍店名的来历，对推荐高档菜看起到了强化作用。

又如鹿鸣春的"富贵香鸡"就是在"常熟叫化鸡"的基础上，在名厨的指导下，用环保、绿色的工艺手法对菜品进行大胆创新，受到海内外宾客的一致好评。

（二）借助节假日的促销活动推销

推销菜品时，点菜员不要忘记向客人传递餐厅的营销活动信息。如节假日的促销举措、美食节期间创新菜的信息、店庆时的优惠信息，这些都会激起客人再次光临的欲望。

（三）借助金牌获奖菜推销

例如，"游龙戏凤"、"凤眼鲜鲍"、"兰花熊掌"、"红梅鱼肚"曾获得××美食节大赛金奖，由于该系列菜品食材珍稀、加工精细，给客人留下了难以忘怀的美味和享受。直到现在，客人就餐时还要点这四道名菜。点菜员介绍和推荐此类菜品的过程之所以十分顺畅，正是因为借助了金牌获奖菜的品牌效应。

（四）借助名人效应推销

"名人菜谱"也可以成为卖点。原中国国民党主席连战、亲民党主席宋楚瑜前几年在南京访问期间曾专门赴"状元楼"品尝秦淮小吃，"连宋菜谱"因此不胫而走，一下子夫子庙的风味菜品异常火爆。因此，点菜员若抓住"名人效应"的良机，则更有利于点菜销售工作。

第六章

餐厅员工优质服务

对于优质服务，每家餐厅都有自己的理解，如微笑服务、周到服务、超值服务等。但是，优质服务的最基本要求就是最大程度地满足客人需求，即正确预见并充分满足。

第一节　尽量满足客人要求

一、客人要求自己加工食品

如果客人在就餐的过程中要求自己加工食品，服务员应根据具体情况及餐厅相关规定酌情处理。

案例

在一个炎热的晚上，某粤菜餐厅里来了六男一女。点好菜后，他们便开始"围攻"那个坐在女孩身边的男人，吵闹着要他讲讲将女孩追到手的事。那个男人拗不过大家，只好看着低头窃笑的女孩讲了起来。讲到后面，那个男人更骄傲地向大家说："小洁不仅年轻、漂亮，还会烧一手好菜呢。最拿手的就是酿豆腐，那个香呀，想想都流口水。"男人停下来，看了一下大家，故意叹息说："唉！可惜你们尝不到呀。"听他这么一说，大家都露出了失望的神情。

突然，其中一个男人大声提议道："让小洁现在就给我们做酿豆腐如何？"一句话点醒了大家。"好啊，好啊。"大家一致赞同。那个男人看看身边的女孩，还是一个劲地笑，没有反对的意思。刚才负责点菜的那位见状，马上招手叫服务员过来。"小姐，我们这位小洁小姐可是位做菜的能手，现在想借用一下你们的厨房。麻烦你带她去一下，好吗？"服务员一听，犯难了，之前从没有客人提出过这样的要求。要是让客人进厨房自己做菜，我们的厨师岂不是要失业？再说，厨房不像楼面那么干净，怎么能让客人进去呢？客人见服务员站在那里皱眉，便不耐烦了，对她说："你要是做不了主就让经理来吧，别站在这里像木头一样。"见客人不高兴，服务员赶紧跑去找来了经理。

经理过来后，他对客人们笑着解释："各位先生的提议真是挺特别的。不过我们餐厅还没开过这样的先例，而且厨房重地，连我们都不能随便进入。况且这位小姐穿着这么讲究、斯文，要是为了炒个菜，把一身漂亮的衣服弄脏，就得不偿失了。小洁小姐，您觉得我说得对吗？"客人们这才注意到小洁今天真的穿了套漂亮的衣服。小洁听到经理这么说，也开始心疼自己的这套新衣服了。这个提议就这么轻而易举地被经理挡了回去。

为了不让客人失望，经理一方面让厨房认真做这桌客人的菜，另一方面让服务员取来两瓶冰冻的啤酒，免费送给那桌客人。年轻人本来就爱喝啤酒，加上天气炎热，看见冰冻的啤酒都非常高兴，纷纷夸奖这位经理会做人。

客人到餐厅吃饭，本来就是品尝菜肴的，如果让客人下厨，势必会扰乱厨房的正常工作程序，也会影响到其他前来就餐的客人。所以，服务员要学会从客人的角度劝说其放弃这个念头。

二、客人自带食品要求加工

有时客人会自带一些食品要求餐厅加工，这也是一件正常的事，餐厅应尽量满足客人的需求。

如果客人所带原料是本餐厅没有的，应接受并予以加工，可收取一定的加工费，不过要注意其原料是否属于保护动物或变质与否，如果属于保护动物原料或变质原料，应予以回绝。如客人自带的是野生菌或野生植物以及不常用食品，可能会造成食物中毒，餐厅必须提前做好预防工作，可以留下样品以备查验。

如果客人自带食品要求加工，服务员要尽量满足客人要求。

细节提示

服务员必须当着客人的面，鉴定一下客人所带食品的质量，以免加工以后，客人提出品质方面的质疑，从而引起不必要的麻烦。同时，餐厅也可以事先同客人签订免责协议。

如果客人所带原料在本餐厅厨房已有现货，一般是不予接受的，服务员应婉言回绝，如果客人一再坚持，可以同意，同样需要收取加工费。

三、客人需要代管物品

有的客人在餐厅用餐时，会把没有吃完的食品或酒水请服务员代为保管。遇到这种情况，服务员应注意处理好，不要引起客人的误会。

服务员一般可采用下列几种办法解决这个问题。

（1）耐心地向客人解释，说明食品与酒水关系到健康问题。为了防止意外，对客人负责，餐厅规定一般不宜替客人保管物品。

（2）服务员可以主动替客人打包，请客人带走。如果客人要去办其他的事，要求临时将食品存放一段时间，办完事后再来取，服务员可以请示领导，得到批准后为客人代存。

（3）客人要求保存剩下的酒水，餐厅应根据酒的种类和客人的具体情况酌情处理。

从经营的角度来说，客人在餐厅里存放酒品，说明对该餐厅感兴趣，对餐厅的菜点和服务都很满意，有常来的意思，这也表示出了对餐厅的信任。

细节提示

替客人保存食品之前，服务员要将食品包好，写好标签，放到冰箱内，服务员之间也要交代清楚，以便待客人来取时，及时地交给客人。

案例

有一天，某公司王总在一家高级餐厅宴请客户。看到宴请的客人很重要，王总特地点了50年酒龄的红酒。酒过三巡、菜过五味，转眼三瓶酒即将见底。服务员小丁一看，再拿1瓶肯定喝不完，不拿酒客户又兴致未尽。"有了……"，思考之后，只见她对着耳麦轻轻说了几句。

不一会儿，宴会结束了。王总去收银台结账时问服务员小丁："今天我们喝了几瓶酒呀？""3瓶！""不对吧！明明摆着4瓶嘛？""王总，有一瓶是您上次来时存在我们这里的。""哦？！太好了！"

不过，替客人保存物品时，餐厅一定要对客人及其物品负责，保证不出任何问题。只有做好以下各项工作，餐厅才可以获得客人的信任，吸引客人常来，营业额自然也就增加了。

（1）一般葡萄酒类的酒水，开瓶后不宜保存时间过长，假如客人要求餐厅代管剩下的葡萄酒，服务员可以答应，但应提醒客人记住下次用餐时饮用。

（2）如果客人要求保存的是白酒，则放在酒柜里即可，要记得上锁并由专人负责。

（3）为客人代管的酒品，要挂上客人的铭牌，并放在专用的冰箱里，冰箱应有锁，由专人负责保管。

四、客人需要借用充电器

一位客人的手机在用餐过程中没电了，询问服务员餐厅内有没有充电器，我们来看看以下不同的处理方式。

（1）对不起，我们这里没有手机充电器。

（2）对不起，我们这里没有您这种型号的充电器。

（3）对不起，我们这里没有您这种型号的充电器，但是我可以帮您找找看。两分钟后过来告知："对不起，确实没有办法。"

（4）对不起，我们这里没有您这种型号的充电器，但是我可以帮您找找看。结果从同事那儿借到或在最近的商场买来，客人用后，收回备用，不浪费。

可以看出，第四种处理方式体现出了餐厅员工的主动服务意识。

关于充电器这一问题，不同的处理方式会产生不同的结果。有些时候，确实很难完全满足客人的需求，但是可以让其从心理上得到另外一种满足。关键是服务员要有一种为客人着想的意识。

第二节　特殊客人服务

一、为醉酒客人服务

在餐厅吃饭，经常有一些喝多了的客人，有的趴在桌上酣睡，有的豪情万丈，有的不受控制地高声叫喊，有的甚至发酒疯、摔餐具、骂人、打人。面对这种局面，服务员应该怎样做呢？

（1）提醒已经喝多了的客人及在座的其他客人，酒喝多了会影响身体健康。

（2）给醉酒客人端来糖水、茶水解酒。餐厅也可备些解酒药，供客人服用。

（3）客人来不及上洗手间呕吐的，服务员不能表现出皱眉、黑脸等容易激怒客人的动作和表情，而是要赶紧清理干净。

（4）建议呕吐的客人吃些面条、稀饭等流食。

（5）如果客人发酒疯，服务员应请在座的其他客人给予劝阻，使其安静下来。

（6）如果客人醉酒打烂了餐具，应准确清点，再让客人照价赔偿。

（7）服务员发现醉酒者出现呼吸困难等紧急状况时，应立刻拨打120求救，或将患者送往医院。

在团聚宴会中，服务员可以礼貌而婉转地劝客人不要喝太多。

（8）服务员或值班负责人员应将事故及其处理结果记录在工作日志上。

案例

有一天，一群人去参加同事的婚宴。席间，很多男士纷纷用白酒围攻新郎。新郎当然是不能喝醉的，于是身边的伴郎挺身而出。刚开始，伴郎还能招架，后来大家轮番上去，借敬酒之名灌那位伴郎，想看看伴郎到底有多大的酒量。新郎见势不妙，想替伴郎挡驾，但又劝不住，只好看着伴郎的脸由红变青，由青变紫。最后，伴郎被众人灌醉，见人就骂，还差点跟上来劝酒的人打起来，要不是被其他兄弟强拉住，不知要闹出什么乱子来。女客们一见这阵势吓得纷纷退席，许多男客也不得不陪着同来的家人、朋友一同提前离开。好好的一个婚宴，被酒弄得不欢而散。

（9）有的客人是因为有了不愉快的事情而喝闷酒，服务员同样要温和、婉转地劝其少喝些，并可以适当地与客人交谈几句，说一些宽心和安慰的话。但千万不要谈得太具体、太深入。

某餐厅的一角，一位神情沮丧的男士正望着窗外发呆，他面前的餐桌上放着十多个空酒瓶。过了一会儿，男士叫来服务员说："小姐，再给我拿半打啤酒过来。"年轻的服务员看着桌上的空瓶和客人醉醺醺的样子，委婉地提议说："先生，您的菜都还没怎么吃呢，不如我拿到厨房再热一下。您已经喝了不少酒了，先吃点东西垫垫肚子要紧呀。"一番关心的话让这位客人感动不已，他含泪向服务员说："三年前，我就是坐在这里向我妻子求婚的。当年她也像你今天一样，关心我、体贴我。但是今天，我成了鳏夫。我的妻子遇到车祸，走了！"说完他竟当众掩面哭了起来。年轻的女服务员做梦也没想到自己这么平常的工作用语，竟然惹哭了眼前的大男人，惊得她站在那里不知如何是好。

过了一会儿，男士停止了哭泣，睁着一双泪眼看着服务员，顺手将杯子里剩下的啤酒倒了一半到一个空碗里，将碗递给服务员说："陪我干了这一杯吧，小姐。"女服务员看着递过来的那半碗酒，接也不是，不接也不是，非常为难。上班时间喝酒肯定是违规的，何况自己也不会喝酒，但眼前的这位先生心情很悲凉，一口拒绝一定会使他更伤心的。怎么办呢？服务员灵机一动，只见她将碗接过来，跟男士碰了碰杯，一边将碗里的啤酒慢慢地洒在铺着大理石的地面，一边说道："这碗酒给您过世的太太喝，愿她永远安息！"男士听了，点点头，将杯中的酒一饮而尽。

二、为残疾客人服务

一次，某餐厅来了一位头发金黄、皮肤白得很不正常，走路一颠一簸，而且还严重脱皮的客人。迎宾员像见了传染病人一样，与那位特殊的客人拉开了好大的距离，远远地将他引了进来，带到一个不起眼的位置。这位客人的到来多少还是引起了不少人的注意，纷纷侧目看他，还小声地议论。服务员在为他倒茶时，站得老远，手伸长了还差点够不着茶杯。客人见此情景马上就不高兴了。在后来的服务中，服务员始终是一副不情愿的样子，更谈不上热情、周到了。那个客人好几次都阴着脸好像要发火似的，但看见餐厅里很多人都偷偷回头看他，便不再理会，匆忙吃完饭，走到服务台边时，他犹豫了一下，翻开"客人留言簿"写了起来。等到营业结束后，服务员急忙翻看那位客人的留言，才知道那位客人其实得的是一种不会传染的基因病，他投诉大家都把他当怪物看，服务员像怕被他吃了一般，总是站在一丈开外的地方倒茶、记菜单。同时，他对周围客人用怪异的眼光看他和议论他，也很有意见，认为在餐厅里消费不应出现这种状况，至少服务员不应如此。

残疾人最忌讳别人用异样的眼光看待他们，所以，餐饮服务人员绝不能用异样的眼光盯着残疾客人，而是要用平等、礼貌、热情、专业的态度为他们服务，尽量将他们安排在不受打扰的位置。

（一）盲人客人

盲人客人因为看不见，服务员应给予其方便。具体做法如下。

（1）服务员为其读菜单，并给予必要的菜品解释；同时，在交谈时，避免使用带有色彩性的词。

（2）每次服务前，服务员先礼貌地提醒一声，以免客人突然的动作，使你躲避不及，造成意外发生。

（3）菜品上桌后，服务员要告诉客人什么菜放在哪里，不可帮助客人用手触摸以判断菜品摆放的位置。

（二）肢体残疾客人

（1）服务员应将客人安排在角落、墙边等有遮挡面、能够遮挡其残疾部位的座位上。

（2）帮助客人收起代步工具，需要时帮助客人脱掉外衣。

（3）客人需要上洗手间时，要帮助客人坐上残疾车，推到洗手间外。如果需要再进一步服务的，应请与客人同性的服务员继续为其服务。

（三）聋哑客人

对于聋哑客人，服务员要学会用手势示意，并细心地观察揣摩，可以利用手指菜肴的方法征求客人的意见。

（四）注意事项

（1）在为残疾客人服务时，服务员既要表现出热情、细致、周到的服务态度，又要适可而止。有的残疾人不愿意让别人对他特殊看待，所以服务员要注意不要在服务过程中热情过度或提及残疾方面的词语，给予客人既温暖又受到尊重的感觉。

> **案例**
>
> 　　一位脚有残疾、坐着轮椅的客人进入餐厅就餐，服务员小彭非常热情地帮助这位客人靠近餐桌、倒茶和点菜。由于这位客人点的菜比较多，开始上的菜还能放在他手能伸到的地方，后来上的菜离得远些，这位客人夹起来就很困难了。
>
> 　　服务员小刘见状，立即上前帮忙夹菜，但这位客人很客气地说要自己夹。小刘认为帮客人是应该的，也没理会客人，还是帮客人把菜夹了过来，客人的脸一下子就沉了下来："谁要你夹了！"随即很不高兴地付账，然后愤然离去。

（2）在为残疾人提供结账服务时，服务员要耐心地向他解释账单，有时可以逐项累计菜价，让客人心里明白。残疾人付款时，服务员要告诉他所收的钱数和找付的钱数，一定要让他弄清楚。

（3）服务员千万不要帮客人从钱包里拿钱，以免引起其他不必要的误会。

三、为带小孩的客人服务

如果有带小孩的客人来餐厅用餐，服务员要给予他们更多的关注和照顾，服务员所做的每一点努力，都会得到客人的认可与赞赏。

服务员可以从以下几个方面着手照顾带小孩的客人用餐。

（1）服务员对小客人要有足够的耐心，可以为小孩拿来儿童专用椅，一般的餐厅都应准备好这样的专用椅，使小朋友坐得更舒适一些。

（2）在小孩的桌上，不要摆放刀、叉等餐具，另外如易碎的糖缸、盐瓶等物品也应挪到孩子够不着的地方，以免发生意外。

（3）如果有儿童菜单，请家长先为孩子点菜，点了菜之后，可以先给孩子上菜，孩子菜单上的菜要软、烂、易消化。

（4）孩子使用的餐具要安全，一般可以使用金属的或塑胶及木制的，尽量不要选择玻璃制品，给孩子倒饮料时，不要用太高的杯子，最好用短小的餐具，以方便其使用。

（5）尽可能为小朋友提供围兜儿、新的坐垫和餐厅送的小礼品，这样会使孩子的父母更开心。

对带小孩的客人，一定要特殊照顾。

（6）如果小朋友在过道上玩耍，打扰了其他客人的正常用餐，要向他们的父母建议，以免发生意外。

（7）孩子用餐完毕，服务员可以给孩子提供一些简单的玩具供其玩耍，或是帮助家长照看一下小孩，方便大人用餐。

案例

　　一天，某餐厅来了几位带小孩就餐的客人。半小时过后，小孩吃得差不多了，几个年纪相仿的小孩便跑到一起玩耍，整个餐厅顿时显得吵闹起来。他们的父母只是提醒一下孩子不要跑来跑去以防摔跤等，就只顾与同来的朋友聊天了。随后又来了几个更小的小孩，他们在大人的搀扶下，跌跌撞撞地跟着那群孩子进进出出凑热闹。

　　这家餐厅本来就没有为孩子设立专门玩耍的地方，小孩子们的冲撞给服务工作带来了很多不便。一是有客人投诉餐厅吵闹，没法安静地享受美食；二是一位老人在行走时差点被撞倒，幸好服务员眼疾手快扶住了客人；三是因为孩子们的冲撞，险些使传菜员弄洒一托盘的菜；四是在领台员领位时，孩子们妨碍了客人的行走。

　　于是，大堂经理先来到孩子们的父母跟前，礼貌地对他们说："对不起，打搅你们一下可以吗?你们的孩子真的非常活泼、可爱，但在餐厅里来回奔跑，恐怕容易发生意外。为安全起见，可否请他们回座位呢?我们将向孩子们提供一些简单的玩具和图书，您看好吗?"然后她温和地对孩子们说："小朋友，你们好！看到你们玩得那么开心，现在一定累了，对吗？你们想不想看小人书和玩玩具啊？"孩子们一听有书看、有玩具玩都很高兴，全都举手说要书、要玩具。经理马上提议道："好!那就马上回到自己的座位上，看谁最乖，服务员阿姨就将玩具和书送给谁。"再加上一句："看谁回去得快！"话音一落，孩子们马上飞奔到了各自的座位上，乖乖地等着服务员阿姨的到来。孩子们有了新的兴趣，自然能安静下来了。餐厅又恢复了以往的安静。

（8）有的孩子十分可爱，服务员喜欢逗弄孩子，但若非很熟，最好不要抱小孩或是抚摸小孩的头，有些孩子的父母不喜欢看到这种情形。在没有征得孩子父母同意的情况下，服务员不要随意给孩子吃东西。

总之，对于带小孩用餐的客人，服务员既要热情，又要注意把握好分寸，千万不要适得其反。

四、为老年客人服务

如果就餐的客人是老年人，服务员要给予其特殊照顾。

若是看到年迈的客人独自前来用餐，且身边无其他同行的客人时，服务员应主动扶他们就近入座，要选择比较安静的地方，放好手杖等物；在客人离开前，服务员应主动把手杖递到他的手中。

在给老年客人上菜时，上菜员要注意速度应快一些，不要让其久等，给老人做的饭菜，还要做到烂、软，便于咀嚼。

总之，对于老年客人，服务员应给予更多的细心与关心。

案例

陈先生和他70多岁的母亲来到餐厅用餐，刚下车，陈先生便走到母亲的身旁搀扶着，原来老人的行动不太方便。这一情景被服务员小郑看到了，于是，她快步走出大门，微笑着来到老人面前说："老奶奶，您慢点，我来扶您吧。"到了餐厅的大门口，小郑立即将旋转门的速度放慢，让老人安全地走进餐厅。

进了餐厅小郑还专门为老人安排了一个出入方便的位置，然后微笑着离开了。待陈先生及母亲用完餐准备离开的时候，小郑又细心地把老人送出了餐厅，当老人准备上车时，小郑不仅为老人拉开车门，又将老人的双腿扶进车里帮老人把大衣披好，最后将车门轻轻地关上。小郑这一系列动作使陈先生和他的老母亲非常感动，他们连连称赞说："你们的服务太好了，下次我们还来这儿！"

五、为熟人或亲友服务

服务员在岗时，如果遇到熟人或亲友来用餐，应当一视同仁，热情礼貌、主动周到，而不能直接离岗，与熟人或亲友闲谈。

服务员不可在大庭广众之下，不顾自己的身份和工作场所的规定，与亲友或熟人寒暄时间过长，甚至是拍拍搂搂，以免引起其他客人的不满，造成不良影响。

在点菜和结账时，服务员最好避开，请其他同事代劳，以免引起不必要的误会。

六、为挑剔的客人服务

餐厅中常会出现一些挑剔的客人，服务员需具备分析客人心理的能力，这样才能有的放矢、缓解矛盾。餐厅服务员在为其服务时，一定要注意特殊处理。

（1）有耐心。认真听清客人挑剔的事情。当客人抱怨时，服务员一定要有礼貌，不能与客人争吵。

（2）在不损害餐厅利益的前提下，尽量满足客人的要求。

案例

某家餐厅来了十几位客人，实习生小王接待了他们。听其他服务员讲，这些客人很挑剔，但小王想，我只要更热情、更耐心的服务，就不怕那些挑剔的客人。

这些客人点了很多菜，喝了不少酒。当吃得差不多时，其中一位先生要添一个白菜粉丝。实习生小王与厨房一联系，厨师说白菜没有了。当小王告诉那位先生没有白菜时，那位先生用质疑的目光看着小王，很生气地喊起来："什么？连白菜粉丝都没有，不可能！你们是不是不想给我们炒这个菜？"他边说边站起来朝厨房走去，一副准备打架的样子。小王吓坏了，不知所措地站在那儿，这时其中一位客人拍了拍这位先生，劝说他不要找事，拉他坐下，然后对小王说："确实难以置信，这么大的餐厅，连白菜都没有了，换了谁也不相信。这样，我们要一盘凉拌西红柿吧。"那位火气大的先生又接着说："小姐去了厨房，回来又要告诉你，西红柿没有了。"显然，客人是误会厨师不给做。

当小王将凉拌西红柿端上桌时，那位先生又挑毛病："糖放得太少了吧？"小王答道："先生，请您先尝尝，如果不合您的口味，我可以再给您换一盘。"接着那位先生又出难题了，"小姐，你是实习生？有些事跟你们说不着。"小王说："先生，我是实习生，当然得挂实习生的工号牌。这是请客人对我们的服务工作进行监督的标志。我虽然是实习生，但我也是餐厅的一名员工，与正式的服务员一样履行职责，我一定想办法使您满意。今天的事很对不起，请先生原谅！您的心情我理解，但今天的客人点白菜较多，厨房确实没有白菜了，这是采购的失误，请您谅解，绝没有怠慢您的意思。我把您的意见反映给厨师长了，让他多备些白菜，您再来就餐时一定给您上这个菜。"听了实习生小王一番诚恳的话语，那位挑剔的先生叹了口气："小姐，我们确实想吃这个菜。听你一说，我们明白了，没事了。"

（3）记录下爱挑剔的客人的姓名、公司名称、饮食习惯，以便今后把服务工作做在前面。

（4）对挑剔的客人的服务质量不能打折扣。

其实，真正不友好、带有敌意的客人只是极少数。大多数客人都较友好。

将挑剔客人的姓名、公司名称、饮食习惯等记录一下。

案例

一位阔商请几位男女宾客共进晚餐。服务员端上鱼翅羹，每人一份。主人刚吃了一口，就大为不满："我吃过上百次鱼翅了，你们的鱼翅做得不好，僵硬。去问问你们厨师是怎么做的！"客人面露怒色，话说得很重。

服务员二话没说，答应去问。出去后，他悄悄告知经理。楼面经理走了过来，笑容可掬，故意放大音量说："老板您真不愧是吃鱼翅的行家。今天的鱼翅在泡发和火工上确实稍欠一点点时间，这点小差别，您一口就能尝出来，不愧为美食行家。"楼面经理招手把服务员叫了过来，站到客商边上又接着说："鱼翅不中意，老板您看，是退，还是换？退换的话，损失当然由我们承担，您不用支付分文。"

楼面经理的一席话，句句扣住了阔商的心理。一是不作任何调查研究，先把阔商捧到天上，将责任全部归于餐厅，给阔商留出足够的面子，既突显了对其主人地位的尊重，又烘托出了他美食家的身份，使他的心理得到了超期望满足；二是使用了"欲擒故纵"的手法，无论是退还是换（"换"也是扔掉），鱼翅这类高档菜肴的损失都很大。阔商既然心理得到了满足，就肯定不会斤斤计较，反而要借机显示自己大度，最终情形果然如此，阔商只是抱怨了几句，便不再追究了。

七、为生病的客人服务

（1）当客人告诉服务员，自己生病需要特殊食品时，服务员要礼貌地问清客人哪里不舒服，需要何种特殊服务。如客人表现身体不适而没有告诉服务员时，服务员应主动询问客人以便帮助客人。

（2）领位员将生病的客人安排在餐厅门口的座位上，以便客人可以随时离开餐厅。如果客人头痛或心脏不好，则要为客人安排在相对安静的座位。

（3）点菜员要积极地向客人推荐可口的饭菜，同厨房配合为客人提供稀饭面条一类的食品。

（4）如果客人需要就医，服务员要向客人介绍附近的就医场所。如果客人需要服药，则为客人提供白开水，以方便客人服药。

（5）如果遇到突然发病的客人，服务员须保持冷静，楼面经理立即通知医务室，同时搀扶病客坐在沙发上休息。

（6）如果客人已经休克，服务员千万不要搬动客人，应安慰客人家属或朋友等候医生到来，待医生赶到后，服务员要协助医生送客人去医院就医。

八、为左手用餐的客人服务

（1）服务员得知客人为左手进餐时，应关照客人入座的位置。如是方桌，请客人坐在左边没有客人的位置上，如是圆桌，尽量使客人左侧半米内无其他客人落座。

（2）服务员要将左手客人餐具换到其左侧，首先用托盘站在客人右侧，将客人餐盘右侧的银筷架、银勺、筷子撤在托盘上，然后转站在客人左侧，最后用右手托托盘，左手将银筷架、银勺、筷子、摆放在客人餐盘的左侧。

（3）为客人服务饮料时，将饮料放在客人左手易拿到的位置，站立于客人左侧为客人服务饮料。为客人服务食品及小吃时，将食品从客人左侧用左手放在餐盘上，将小吃放在客人的左侧。

案例

　　一行七八位客人来到某餐厅，服务员小李远远地看出了大家簇拥着的主宾是王总，而这位王总是小李曾经工作过餐厅的常客。小李想"王总平时不怎么来我们餐厅，迎宾员和经理肯定不认识他，我得让大家知道他是谁"。于是，主动迎上前去大声问候："王总，您好！这边请。"其他服务员听到小李叫王总，马上也跟着叫起来。王总一愣，马上露出笑容："好，好！"

　　王总被小李领到包间，在确定了王总的座位后，小李立即把王总座位的筷子移到了左手位，王总用诧异的眼光看着小李，小李微笑着说"我们不光知道您用左手，还知道您喜欢吃的菜是什么。"王总说："你们是怎么知道的？"小李半开玩笑地说："因为我们想为您提供更好的服务呀！"王总连连称赞"好，真是太好了！"

　　从此以后，王总成了该餐厅的常客，而且每次来不管小李在不在，王总都会让其他服务员转告他对小李的问候。

九、为有急事的客人服务

（1）迎宾员了解到客人赶时间时，应将客人安排在靠近餐厅门口的地方以方便客人离开餐厅，然后礼貌地问清客人能够接受的用餐时间并立即告诉服务员。

（2）待客人入座后，服务员立即为客人点好饮料并取回饮料，同时另一位服务员立即为客人点菜，推荐制作和服务较为迅速的菜肴。

（3）客人点好菜后，服务员立即将订单送到厨房，通知传菜部和厨师菜品的制作服务时限。

（4）在客人要求的时间内，服务员要快速准确地把菜上齐。在客人用餐的过程中，服务员要及时为客人添加饮料并撤空盘换餐盘。

（5）服务员在客人用餐完毕之前及时准备账单，并在客人结账时对匆忙中服务不周表示歉意。

十、为穿戴不整齐的客人服务

（1）当穿戴不整的客人出现在餐厅门口时，迎宾员应热情、礼貌地问候客人，用诚恳、礼貌的态度告诉客人本餐厅用餐时的衣着要求，婉转地告诉客人衣着不合规定之处。

（2）迎宾员建议客人更换衣服并告诉客人餐厅将为他保留用餐座位。

（3）如果客人无法更换衣服时，建议客人换上餐厅为客人准备的长袖衫和长裤，并请客人等候，然后立即与制服室联系，请制服员送上与客人身材相适合的衣服。

（4）如果客人是参加宴会，又不愿穿上餐厅制服时，迎宾员可征得宴会主人的同意，请客人坐在比较靠里的座位，并劝其尽量减少走动。

十一、为分单的客人服务

（1）当两位以上的外国客人光临餐厅时，服务员在为客人订完饮料和食品后要礼貌地询问客人"Excuse me Sir/ madam！Do you want separate bills or just one master bill"。如果客人需要分单，询问其分单的形式并在上面记录分单情况，写清分单顺序，记录客人的位置。

（2）对照原订单重新开具一张订单，并在订单上划分横线，以标明分单顺序，最后在订单的落款处注明"分单"字样。服务员将开好的订单交给收银员并在每张账单的后面注明"A""B"或①②以示区分，将分单顺序告诉领班及服务员。

（3）服务员要注意客人是否已喝完饮料，主动询问客人是否需要添加，将添加饮料的费用随时记入由该客人分付的账目中。

（4）服务员仔细观察并牢记客人的位置，避免由于座位记录有误而开错账单。

（5）分单客人结账时，最好由开具原账单的服务员为客人结账。

为客人添加饮料。

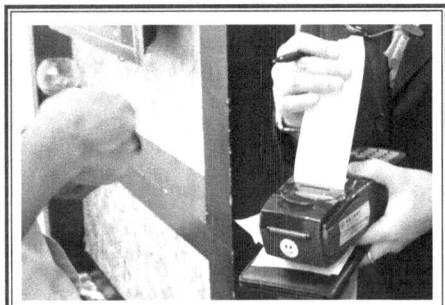

由开具原账单的服务员为客人结账。

十二、为不礼貌的客人服务

遇到没有礼貌、甚至呼喝服务员做事的客人，除了用宽容的心态向客人道歉外，服务员还要用特有的微笑为客人服务，把服务工作做好。微笑其实是一件非常锐利的"武器"，有再大意见的客人，只要看到服务员诚恳的面孔、真诚的道歉、热情的微笑，没有不"投降"的。

有一些客人比较喜欢在众人面前有所表现，也就是有自我表现的欲望，所以他们爱找一些借口将事情扩大化，将众人的视线吸引过来，等表现够了，他也就心满意足了。对于这样的客人，服务员一是要耐心听取他的意见，不要急于争辩和反驳；二是要坚持用微笑打消他继续表演的欲望；三是为了感谢他给餐厅提出的宝贵意见，给他送上一份小礼物或水果。

> **案例**
>
> 西安某餐厅接待了一个广东来的旅行团。该团的一位中年女士非常挑剔。广东人到餐厅吃饭都有用茶洗漱餐具的习惯，无论水温是否足以起到杀菌的作用，总之经自己的手将餐具冲刷一下，就放心了。到了外省，这样的习惯就被认为比较多余，是一种资源的浪费和对他们餐厅卫生工作的不信任。
>
> 一桌客人坐下来，刚送上的一壶茶水即刻被用于冲刷，甚至还不够，又喊服务员加水，供其他没倒上水的客人冲刷餐具。续水还没送上来，前面已经涮好餐具的客人又将水倒了。刚将盛洗涮水的器皿摆上桌，茶水又要续了，因为大家要喝水了。一壶茶水只够大半桌的客人用，还得再加。光这顿工夫，服务

员就被那位嫌她们手脚慢、服务跟不上的挑剔女士呼来唤去地忙得团团转。不仅这样，那位女士每次使用的都是命令句式："喂！加水！""有没搞错啊!菜这么难吃。叫你们老板来！""喂!你过来！这么热，怎么不会把空调开大点呀？"

不过，负责接待该旅行团的几位服务员都很有耐心，第一时间为客人送上了茶水，又调低了空调温度。楼面经理发现此情况后，立即向那位挑剔的女士道歉，并询问其有何其他要求，餐厅将尽量满足。挑剔的女士见楼面经理和服务员热情周到地服务，也为自己刚才的举动表达了歉意。最后离开餐厅时，挑剔的女士拿走了楼面经理的名片，表示其他朋友来西安旅游时，一定要介绍到该餐厅用餐。

第三节　特殊情况应急服务

一、菜汁、汤汁等溅到客人身上

菜汁、汤汁、酒水溅到客人身上，往往是由于服务员操作不慎或违反操作规程所致。在处理这种事时服务员首先应诚恳地向客人道歉，然后用干净的湿毛巾为客人擦拭衣物上的污渍；如果是女客人，应由女员工为其擦拭。

如果要将餐厅备用的干净衣服给客人换上，可把脏衣服按下列方式进行处理。

（1）如果是油渍，用清洁剂和热水将弄脏的衣服浸泡半个小时后，再搓洗干净。

（2）如果是茶渍、咖啡渍，尽快将衣服浸泡在冷水里，用一般的方法清洗。

（3）如果是红酒渍，在衣服入水前，先将白酒或酒精倒在红酒渍上，也可用醋精或米醋倒在红酒渍上反复搓，再将衣服放入较热的清水中清洗。

除以上方法外，也可将衣服送到专业洗衣店进行清洗。衣服洗净、熨平后，由楼面主管亲自给客人打电话联系送衣地点，服务员带上由楼面经理签名的致歉函，把衣服送到客人手中。

二、客人要求陪酒

这有可能因为客人对服务员的服务工作非常满意而表示的谢意。对于这种性格外向的客人，服务员要先感谢对方的好意，再委婉地告诉客人，餐厅规定服务员不能与客人一起喝酒，请客人谅解。同时，服务员要马上为客人倒酒、换骨碟、换烟灰缸等，以转移客人的注意力。

如果因为客人找不到人一起喝酒，一个人喝又觉得没意思。对于这类客人，服务员更要注意自己的行为举止，免得客人借酒浇愁，把你当成倾诉或发泄不满情绪的对象，既影响正常的服务工作，还可能会把你无端卷进客人的是非之中。

有个别客人会有意借三分醉意挑逗服务员。遇到这种客人，服务员要严肃、巧妙地拒绝客人的无理要求，并请客人自尊、自爱。拒绝时用词要温和，但态度一定要严肃。

案例

某天，服务员晓兰接待了几位挑剔的客人，他们刁难了晓兰好几次，晓兰总是耐心地应对。突然主宾大声说："小姐，你对我有意见吗？这么多人，你偏偏把鱼头朝向我？"

"不敢，不敢。"晓兰急忙摇头。

"那，你得给个说法，不然，这鱼头酒，你替我喝了。"客人有点刁难。

晓兰壮了壮胆："您看，这是条鳜鱼，您呢，是今天的贵客，您说，鳜（贵）鱼不朝着贵客，朝着谁呢？"客人们都笑了。

终于，气氛在一个小小的玩笑后缓和了些。可这鱼头酒，那位主宾是说什么也不喝。客人们又把任务交给了晓兰："小姐，鱼是你放的，鱼头酒还是你来解决吧！"

"什么？这……"晓兰慢慢地走到主宾身旁端起酒杯，"先生，我知道，您是一定不会让我为难的，是吧？！"

"嗯，怎么不会！你替我把它喝了，我出小费！"

晓兰哭笑不得，说："上班时间不能喝酒，这是我们的规矩啊。"

"我又不说，谁知道？"他边说还边站起来关上了包房的门，又掏出一张百元大钞拍在桌子上。

晓兰笑着摇头，说："先生，您也是领导，和我们领导一样，总不希望看到自己的员工违反规章制度吧！"

"好！说得好！大哥，喝吧，不就小酒一杯吗？小姐脚都站累了！"一桌人居然都为晓兰说话，主宾终于端起了酒杯一饮而尽。

后面的服务异常顺利，客人们的态度也来了个180度大转弯，临走时都主动和晓兰握手表示感谢！

三、客人有要事谈

服务要周到、殷勤，但也要看场合，更要注意察言观色，服务员如果发现客人来餐厅的目的是有要事谈，就不要过多地干扰他们。

（1）遇到要求坐在餐厅的偏僻座位、角落座位和包房的客人，多数是为了找一个安静的环境，便于洽谈和不受太多干扰。

案例

两位客人相约到一家餐厅谈些重要的事情，为防止被打搅，她们特意订了一间包间。当两位客人坐下聊天时，服务员小赵殷勤地上茶、递毛巾、送餐前小吃，还不停地说："小姐请用茶。""这是餐前小吃，请两位小姐品尝。""两位小姐喜欢吃点什么？""两位是头一次来我们餐厅吃饭吗？"接着她还准备介绍餐厅。

如果只是为了吃饭，客人会觉得小赵照顾得很周到，可是当时她们急于谈事，只好礼貌地谢过小赵，请她为别的客人服务。虽然小赵也识趣地出去了，又似乎怕客人自己不会倒茶，隔一会儿就进来续水，隔一会儿又进来看看，好几次问客人需要些什么？由于客人谈的事情比较私密，不愿让别人听到，所以每当小赵进来，她们就要被打断，感觉很不舒服。最后，客人警告小赵："没有叫你进来时，请你别进来打搅我们！"小赵吓了一跳，红了脸出去了。

（2）如果客人表现得乐于攀谈，服务员可以与其多聊几句，使客人觉得餐厅的服务员待客热情。

（3）如果客人落座后显得比较兴奋和急于与同来的客人谈话，服务员则应该微笑、安静地为他们服务，然后礼貌地离开。

（4）服务员在进行服务时，也应保持安静。如需提醒客人点菜或有事要向客人说明，应在客人讲完话后再礼貌地插话："对不起，先生，打搅一下好吗？现在已经快中午1：00了，能不能请你们先把菜点好再接着谈？""对不起，打搅了。你们点的菜原料不够，可以请你们另外再点一道菜作为替换吗？"

（5）等事情得到解决后，服务员还要再道歉一次才可退出："谢谢你们的理解。打搅大家了，实在抱歉。"

（6）服务员要多观察客人的言行。如果服务员的工作打搅了客人，就应该减少像换骨碟、烟灰缸这样的服务；在更换时，也尽量从不妨碍视线的角度开展服务，并轻拿轻放，尽量不造成干扰。此外，客人在谈一些重要的事情或隐私时，服务员应该自觉地退出房间，并将门关上；需要进来时，应先敲门再进来，让客人有个心理准备。

四、客人赠送礼品或小费

客人为了表示感谢，往往喜欢赠送服务员礼品或小费，以此表示对服务员良好的服务态度和服务热情的认可。遇到这种事情时，服务员要婉言谢绝，向客人解释不收礼品或小费的原因，但语言要简洁明了，不必过多、过于繁琐。

如果实在推脱不了，服务员可以暂时收下并表示谢意。事后，要向餐厅经理讲明原因，做好登记，以便统一处理。当然，服务员也可以采取别的办法，这要看餐厅的具体规定。

有的餐厅设有专门收集小费或礼品的箱子，服务员遇到不能推脱的小费或礼品时，就把小费塞入收集箱，一个季度后再打开，作为员工共同的额外奖金发放给所有员工。对于礼物，一般可到一定时候，公开对员工拍卖，再将拍卖款放入小费收集箱里。

五、客人损坏物品

绝大多数客人在餐厅损坏餐具或用具都是不小心所致。对待这种情况，具体的处理方法如下。

（1）服务员先要收拾干净破损的餐具和用具。

（2）服务员要对客人的失误表示同情，不要指责或批评客人，使客人难堪。

（3）服务员要视情况根据餐厅的有关规定，决定客人是否需要赔偿。

如果是一般的消耗性物品，服务员可以告诉客人不需要赔偿了，如果是较为高档的餐具和用具，需要客人赔偿的话，服务员要在合适的时机，用恰当的方式告诉客人，然后在结账时一起计算收款，要跟客人讲明具体的赔偿金额，并开出正式的现金收据。

案例

一位40多岁的女士在某餐厅酒架前选红酒时，不小心摔碎了一瓶红酒。服务员闻声跑过来，看到这种情况，马上护送这位女士离开现场，并关心地询问："您没有受伤吧？"

客人感到不好意思，说道："不，我没受伤。不过，打破了一瓶酒，真是对不起。这瓶酒多少钱？我照价赔偿。""不用，不用！是我们商品陈列不好才让您受惊的，这是我们的疏忽，您不用在意。"服务员说完后，便叫清洁工把碎玻璃清理干净了。

客人依然觉得过意不去，坚持要赔偿。可服务员一再委婉地拒绝，后来，客人只好说："好吧，既然你坚持不让我赔偿，那么你把你们最好的葡萄酒给我拿六瓶。"说完，她便以不菲的价钱买走了六瓶价值极高的葡萄酒。

六、客人偷拿餐具

餐厅中用于服务的餐具，特别是一些特色餐厅里面餐具的款式和做工一般都比较精巧别致，有些客人会出于好奇，也有些游客，每到一个地方都喜欢拿一点小物品或是餐具作为纪念品。

发生了客人偷拿餐具这种现象怎么办？当服务员发现客人偷拿餐具时，一定不能大声嚷嚷，也不能生硬地让客人当场把偷拿的物品交出来。遇到这类问题时，服务员应讲究策略与方法，巧妙解决。

案例

在一家高档餐厅里，一位外国客人在用餐时，看到餐具古色古香，富有中国特色，心生爱意，于是把餐具悄悄地装进了口袋。这一幕，恰巧被服务员小关看到了，她不动声色地说："谢谢各位的光临，客人的满意是本店的荣幸。我发现有的客人对我店的餐具很感兴趣——这当然是很精美的工艺品——如果有哪位客人愿意购买的话，我可以与我们的销售部联系，那里有同样精致、无毒且全新的具有中国特色的成套餐具奉献给各位。"说着她便把目光投向了那位将餐具放入口袋的客人身上。那位客人马上将餐具从口袋里掏了出来，说："我看到贵国的工艺品太精致了，情不自禁地想收集一套，我很喜欢它，既然有全新、成套的，那就以旧换新吧。"

七、客人要求取消等了很久却没上的菜

客人催菜是个常见的现象。遇到这种情况，服务员要做出如此处理。

（1）先向客人道歉。

（2）再查看点菜单和桌上摆放着的菜品，确定无误后，马上通知传菜员或自己到厨房查对、催促。

（3）若客人要求退掉该菜，应赶紧去厨房查问这道菜做了没有。如果是即将做好的，要回去跟客人解释，并告诉他们所点的菜很快就上，请他们稍等，并为此再致歉；如果菜还没做，应向主管报告，同意客人取消的要求。

案例

有一次某餐厅来了一桌客人，坐下后他们便开始喝茶、聊天、等菜。不知什么原因，那桌菜稀稀拉拉地上着。也许是该桌客人饿了，一阵"秋风扫落叶"后，他们已经吃饱了，可是后面还有两道菜没上齐呢，于是招手叫服务员过来，要求将那两道菜取消掉，理由是上菜速度太慢。服务员为难地对客人说："不好意思，请你们稍等一下，菜应该很快就上来了。"客人一听就火了，"什么叫'应该'？我们都吃完饭了，菜还没上，叫我们怎么吃呀？"服务员只好说："我到厨房看看菜做好了没有吧。"说完马上去厨房查问。一问才知道两道菜都在做，其中一道菜快要端出来了，另一道菜也要不了几分钟便做好了。服务员愁容满面地回到客人桌前解释，想说服他们继续享用那两道迟来的菜，但客人不管这些，坚持要退。无奈之下，服务员只好找领班来解决。

领班是一位温文尔雅的女士，一见到客人，她马上面带微笑地向客人了解情况。等客人将心中的牢骚和不满都发泄完后，领班才笑着说道："菜到现在还没上齐，完全是我们的错，责任自然要由我们承担。如果你们要退菜，我完全赞成。但我听你们的口音好像不是本地人，对吗？"客人听到领班同意退菜后，马上松了口气，语气也缓和了很多。其中一人回答说："是啊，我们从北京来广州做生意，忙得连中午饭都没吃上。所以刚才狼吞虎咽地就把肚子给吃饱了。""哦，怪不得！其实后面这两道菜是典型的广州特色菜，口感香、不油腻，今天做这两个菜的大师傅可是我们餐厅的金字招牌，获奖无数的呀。你们尝不到真是有点可惜呀。"领班说完，还表现出一副惋惜的神情，说得那几个外地客人不由得犹豫了起来。领班似乎看出了他们的心思，进一步说："如果你们真的决定不要了，我可就安排给其他等待的客人啦。"说完就招呼另一个服务员过来，吩咐她将摆在工作台上香喷喷的菜，端到另一张桌去。一个客人马上摆手阻止说："既然这么好，我们就尝尝吧，把菜放在这好了。"

为了使客人吃得满意，领班还在饭后专门过来向客人征求意见并亲自送上了果盘，其诚恳的态度，使原本有心退菜的客人收回了不满，高兴地结账离开。

八、餐厅客满，怎样合理安排座位

（1）如果座位已满，服务员应礼貌地告诉客人："对不起，小姐/先生，现在已经没有空座位了。请您在休息处稍等一会儿好吗？一有客人结账离开，我马上告诉您。"

（2）在人多的情况下，服务员要给等候的客人排号并做好登记，不能让先来的客人后得到座位，否则一定会引起客人的不满，同时也显得餐厅管理混乱。

（3）为等位的客人送上茶水和报纸、杂志，以转移客人的注意力。

（4）有座位提供时，不要急于将客人引进餐厅，应等服务员将桌子收拾好，摆好台，再请客人入座；否则客人看到狼藉的杯盘，还要站在一旁等候服务员收拾、换桌布、重新摆台，一定会影响就餐的情绪。

（5）如果客人没有时间久等，服务员应向客人介绍一些厨房可快速做好的食品，请客人将食品打包回家。"我们餐厅有几款味道不错的菜点，可让厨房尽快做出来让您打包的，不知您是否愿意试一试呢？"并要对这种提议表示道歉："实在不好意思，因为今天来的客人特别多，一下子不能为您解决座位，请您原谅我的这种提议。"

（6）给客人奉上餐厅的订座名片，请客人下次提早预订。

（7）将客人送到餐厅门口，道再见："先生慢走。欢迎您下次光临！"

九、客人点了菜单上没有的菜

如果客人点的是菜单中没有的菜式，服务员应请客人稍候，并向厨房询问是否有必需的原料和配料，菜品的质量能否保证，出菜的时间是否太长等，然后向客人解释，请客人自己决定或者向客人作相应的推介。

案例

8月的某一天，广州的一家餐厅里，因为天气炎热每台空调都在开足了马力。突然，门外闯进来一位中年男士，操着一口四川话，说要吃火锅。本来这家餐厅是经营粤菜和川菜的，但到了炎热的夏天，广州本地的客人都怕上火，吃川菜的客人明显减少，有时一天都没有一个吃川菜的客人来。餐厅老板只好让做川菜的几个师傅等天气转凉了再回来。谁知师傅们才走了两天，吃川菜的客人就上门了，而且还要吃火锅，急得老板直挠头。

这时，餐厅经理笑着对客人说："这位大哥，广州天气这么热，您不怕吃太辣上火啊？"客人也笑了："我们四川人是不上火的，不吃正宗的四川火锅，时间长了才上火呢，真的。"经理想：如果实话告诉他做川菜的师傅走了，这位客人一定会很失望。既然他是冲辣椒来的，那我们不妨向他推荐些用辣椒炒的菜试试。只见经理对客人说道："四川火锅真的很好吃，其实很多广州人都喜欢吃。只是广州的夏天又长、又热、又燥，很多外地人来这里都不得不喝凉茶祛湿、祛热。你们四川的水质是带寒凉的，而我们广东的水和整个气候环境都是燥热的，所以广东的饮食都是以清淡的食物为主。""哦？你讲的似乎很有道理。实话告诉你吧小伙子，我刚从四川到这里陪孩子上大学。孩子总在学校里，我自己一个人也不想做饭。刚好看到你们这里写着经营川菜，我就进来了。既然你说吃川菜太上火，那我吃点啥好呢？"经理一听有戏，很高兴，就向他介绍了一些既有一点辣味但相对没那么容易上火的粤式菜点。这位中年男士虽然没有吃成四川火锅，但还是吃了一餐满意又地道的粤菜。

十、客人发现饭菜中有异物

在餐饮服务中，有时的确会发生下列问题。例如，菜肴中会有草根，米饭中有黑点，有时菜肴中甚至还有如碎瓷片、碎玻璃、毛发、铁钉等物品。

遇到此类情况时，服务员应首先向客人表示歉意，然后将已经上桌的饭菜，不论其价格高低，都立即撤下来，仔细分辨是什么东西。

经过分辨，认定是异物后，要立即为客人重新做一份新的饭菜，或者征求客人的意见换一款与之相近的菜肴。同时，再次向客人表示诚恳的歉意。

细节提示

出现异物的原因不同，客人的反感程度也不一样，像草根之类的异物，客人一般较容易理解，如果是人为的问题，客人可能会非常反感。

根据客人反感程度的不同，餐厅方面要做出相应的表示，通常换菜是最为简单的补偿方式，有的时候要免收部分餐费，餐厅管理人员要亲自向客人赔礼道歉，以示重视。

餐厅出售的饭菜中出现的异物，无论是何种东西，都要引起餐厅管理者的高度重视，因为这关系到一家餐厅的信誉与声誉问题。

案例

于先生是一家安防公司的销售部经理，过节了，他请同事们来到一家湘菜馆聚餐。大家见经理如此热情，就分别点了自己喜欢的菜肴，有"嫦娥奔月"、"滑菇笋片"、"蚂蚁上树"等。

不一会儿，菜逐一上桌了，"这是您点的'蚂蚁上树'。""等一会儿，服务员！"于先生笑着说，"你说这叫'蚂蚁上树'，是吗？""对呀，这是我们饭店的特色菜，是用土豆丝做的，很爽口的。"服务员微笑着说。

于先生指着菜说："我看这是头发上树吧，这美味可口的土豆丝上面怎么镶嵌着一根头发丝呀？"大家顺着于经理的手指看过去，在金黄色的土豆丝中果然夹杂着一根黑色的头发。"先生，非常抱歉！我马上给您换菜！"服务员尴尬地说。"我想一定是蚂蚁不听话，咬住头发丝跑到土豆丝上去了吧！"于经理说完，客人们哄堂大笑，这让服务员感觉更尴尬了。她赶紧把菜撤掉又重新让厨房做了一份。

十一、客人反映菜肴口味不对

客人反映菜肴的口味不对，是有多方面原因的，有时是菜肴的口味过咸或是过淡，有时是菜肴原料的质量有问题，有时也可能是菜肴的烹调方法与客人想像的不一致。

（1）如果是由于咸淡味不合适而造成客人的不满，服务员应将菜肴从餐桌上撤下，送回厨房重新制作，淡了可再加些原料进行补救，咸了则重新制作一份，服务员要向客人表示歉意。

（2）如果是由于烹调方法而造成客人的不满，服务员也应该向客人表示歉意，然后婉转而礼貌地向客人介绍一下本餐厅此种菜肴的制作方法，求得客人的理解。

（3）如果是原材料的质量出了问题，服务员要立即撤下菜肴，向客人道歉，请客人重新点一款与此菜肴口味相近的菜品，并立即制作，端上桌后请客人再次品尝。

十二、客人提出问题答不上来

客人在餐厅用餐时，有时会问服务员一些问题，如本餐厅食品的品种，或是当地有哪些风景名胜，或者是某公共场所的地址等一系列问题。

对客人提出的合乎服务要求的问题，服务员一时答不出来的，应求助他人，给客人一个准确的答案。

有时客人也会问一些关于菜肴的做法，或是原料的品种等问题，服务员如果知道，就直接告诉客人，若是不太清楚，就要表示歉意，然后为其打听一下，并及时给予答复。

案例

在某家餐厅，一位客人问服务员，"葱烧海参"这道菜中使用的海参是什么品种？这位服务员回答不上来，就说："实在对不起，我不太清楚，我去问问厨师再告诉您。"客人对该服务员表示满意，因为他感到了服务员对他的尊重与热情。

诸如此类的问题，在餐厅服务过程中会经常遇到，因此服务员在平时工作中要细心地了解、观察、询问，通过这些方法和途径掌握各种相关知识。

十三、当客人因菜肴长时间不上而要求减账

客人点了菜，却迟迟不见上菜，值台服务员也没有注意到这种情况，没有及时与厨房联系，这是餐厅方面的失误。

发生这种情况时，客人要求退菜、减账，这也是可以理解的，因为是餐厅延误了太多的时间，服务员也没有及时联系，所以，服务员对于客人的要求应该给予满足。

当然，在具体处理这种情况时，服务员也可以与客人商量一下，是否可以加快制作这道菜，马上为其上菜，但是决定权在客人这一方，服务员不能强求。如果客人仍然不同意，执意要求退菜、减账，服务员应照办，并且向客人道歉，取得客人的谅解与理解。服务员还应反思一下自己为何失职，在以后的服务工作中及时改进。

案例

中秋节是全家人团聚的日子，在海外学习多年的刘先生赶了回来。全家人都很高兴，刘太太说："趁着这个好日子，今天中午我们全家人出去吃顿饭，好好聚一聚吧！"由于没有提前预订，刘先生一家找了好几个饭店才找到空位。

点完菜后，服务员端上了茶水和凉菜，但等候良久仍不见其他菜上桌。刘先生忍不住去催问，服务员告诉他，今天饭店新开张，客人很多，实在太忙，请他再等一下，马上上菜。刘先生一家又等了近半个小时，仍不见上菜。本来是想好好地庆祝一番，却迟迟不上菜，刘先生非常生气："走，咱们不在这儿吃了！"

刘先生带着全家人准备离开，快走出大厅的时候，服务员追出来，说道："先生！您还没有埋单呢！"刘先生没好气地说："我们根本就没吃上饭，买什么单？"

"先生，实在对不起！今天的确太忙了，把您那一桌给疏忽了。要不然您再稍等一会，我让厨房马上给您做。"

"什么？还等！再等就该吃晚饭了！我们可不想等了！"

"那请您先把账结了吧！"服务员着急地说。

刘太太在一旁说："我们不是不想结账，可你们只给我们上了凉菜，让我们怎么吃呀！"尽管如此，刘先生还是和服务员一同回到餐厅，把账结了。临走时对服务员说："这样的餐厅我再也不想来了！"

十四、客人反映菜单价格不对

结账时，如果客人认为结算的价格有出入，服务员要针对具体原因采取相应的解决方法。

（1）服务员在客人点菜时，对有些菜肴的价格解释得不够清楚。例如，某些海鲜类的价格大多是时价，或者是每500克的价格，但客人误以为是该菜肴的准确价格，服务员又没有过多地解释，以至于造成了误会。服务员应该拿来菜单，再次向客人认真地解释，以求得客人的谅解。

（2）客人在点菜时没看菜单，餐后结账时又认为与自己估算的价格有出入，此时要求看账单核对。

（3）在上菜时，由于工作忙，该上的菜肴漏掉了没上，客人当时没讲，结账时才提出来价格不对。账单的差错完全是值台服务员的责任，值台服务员应该拿回账单，减去没上的菜价，向客人道歉后再结账。改账要由领导签字后，方能生效。

（4）服务员在客人结账前没有认真地核对客人的账单，而收款员在开账单时出现了差错或失误。服务员要立即收回账单，重新核对各项内容，如果确实是收款员弄错了、多收了，要向客人道歉，并讲明出错的原因，求得客人的谅解后再结账。

（5）客人自己的计算出现了失误，尽管是客人自己计算错误所致，服务员也不应该在态度上有任何不耐烦的表示，此时应该耐心地向客人解释，如果有必要，还可以拿出账单和客人一起核对。

（6）餐厅个别服务员有意在客人的账上多加了一些菜品或饮料的费用。对于这种情况，餐厅管理者应慎重。首先让值台的服务员向客人道歉，减去多收的款项，还应该恰当地向客人做一些解释工作，餐厅的领导也应该出面，对客人表示歉意，以示对该事件的重视。事后，对待有意多收款的服务员，要进行严肃处理，区别不同情况，给予适当的惩罚，起到警示的作用。

上述几种出现错账的情况，服务员在解决时应当注意一下自己的态度和用词，不要把小事扩大，引起冲突。在适当的时候，餐厅的主管、经理也应出面协调解决问题。

另外需要注意的是，修改账单必须由领导签字，任何隐匿不报，自行解决的办法，都是违规的。

十五、客人出言不逊

个别客人由于各种各样的原因，对服务员出言不逊，甚至出口伤人，这种事情也时有发生。

情况不同，对待和处理的方式也不一样。如果是客人自身的素质较低，不懂得在公共场合保持应有的言行举止，服务员可以冷静地对待，一般不要计较，如果实在太过分，服务员可以冷静地指出，请客人收敛其言行；有必要的话，还可以报告上级领导和有关部门，请其出面协助处理。

如果客人是出于受到怠慢而出言不逊，服务员或餐厅应该立即弥补自己服务上的失误，不要计较客人在言语上的过激与无礼。

总之，遇到出言不逊的客人，服务员首先应以礼相待、晓之以理，若情况并无好转，也不能以粗对粗，而应及时通知有关部门和人员协助处理，用文明的方式、方法解决纠纷。

十六、客人丢失财物

为了防止客人丢失财物，客人来餐厅就餐时，服务员应热心、适度地提醒客人注意他们的财物。

在客人的整个就餐过程中，服务员应随时提醒客人保管好自己的财物。

如果客人丢失了财物，服务员应表现出同情与关心，尽量帮助客人查找，一定要让客人感到服务员是在尽力且诚心实意地帮他。

如果客人在餐厅里丢失了财物，一时没有找到，服务员应问清楚客人当时用餐的具体位置、餐桌台号、物品件数和特征等情况，并且当着客人的面登记备查，或是通知有关部门帮助协查寻找。

经过寻找，一时仍无着落的，可以请客人留下联系地址和电话号码等，以便一有信息及时通报。

有的客人因丢失物品，难免会对餐厅的环境或是服务员产生怀疑，甚至当场说些"过头话"，服务员应从同情和理解的角度出发，坦诚相待，不急不恼，认真查找，以自己的实际行动替客人排忧解难，这样便会化解客人的愤怒，有助于事情得到圆满解决。

第四节　意外情况处理

一、客人烫伤的处理

如果客人在餐厅不小心被烫伤，服务员必须做好紧急处理工作，具体操作步骤如下。

（1）将被烫的部位用自来水冲洗，或者直接浸泡在水中，迅速降低皮肤的表面温度。

（2）将被烫伤的部位充分浸湿后，再小心去除烫伤表面的衣物，必要时可用剪刀剪开，如果衣物已经和皮肤发生沾黏现象，可以让衣物暂时保留，注意不要将伤处的水泡弄破。

（3）继续将烫伤部位浸泡在冷水中，以减轻伤者的疼痛感，但不能泡得太久，应及时送到医院，以免延误治疗时机。

（4）用干净毛巾将伤口覆盖起来，千万不可自行涂抹任何药品，以免引起伤口感染，影响医疗人员的判断与处理。

（5）尽快将客人送到医院治疗，如果伤势过重，最好送到设有整形外科或烧烫伤病科的医院。

二、客人烧伤的处理

如果客人身上着火，服务员应该告知客人用双手尽量掩盖脸部，并让其立即倒地翻滚或者立刻拿桌布等大型布料将着火者包住翻滚将火熄灭。等到火熄灭后，再按烫伤急救步骤进行处理。

> **案例**
>
> 一天中午，王女士和朋友在一家餐厅用餐，服务员在她们附近点燃火锅时，火炉内的酒精喷了出来，王女士本能地挡了一下，但燃烧的酒精还是溅到了她身上，她的右脸颊被烧伤，头发被点燃，工作人员迅速将她头发上的火扑灭，与王女士同桌的另两位女士的手臂和鼻子也被烫伤。

事故发生后，餐厅经理立即将她们送往医院治疗。在医院处理完伤口后，餐厅经理又把她们送到一家理发店，对烧焦的头发进行处理，然后一起回到餐厅，商量如何处理此事，处理好之后又派人打车送她们回家。王女士对餐厅的做法感到十分满意。

三、客人突然病倒

客人在餐厅用餐时，任何意外情况都有可能发生，突然病倒就是其中一项。遇到就餐客人突然病倒时，服务员应按照以下方法解决。

（1）保持镇静。对于突然发病的客人，服务员要保持镇静，首先打电话通知急救部门，再通知餐厅的有关部门，采取一些可行的抢救措施。

（2）如果客人昏厥或是摔倒，不要随意搬动客人。如果觉得客人躺在那儿不雅观，可以用屏风把他围起来。服务员还要认真观察客人的病情，帮助客人解开领扣，松开领带，等待急救医生的到来，随后按医生的吩咐，做一些力所能及的事情。

（3）对于有些客人在进餐过程中，或是进餐后尚未离开餐厅时，就突然出现肠胃不适等症状，服务员也要尽量帮助客人。这种时候，服务员可以帮助客人叫急救车，或是引领客人去洗手间，或是清扫呕吐物等。与此同时，服务员不要急于清理餐桌，要保留客人吃过的食品，留待检查化验，以便分清责任。

（4）当客人突然病倒时，服务员不要当着客人的面，随便下结论，也不要自作主张地给客人使用药物。

四、客人跌倒时的处理

客人在餐厅跌倒后，服务员应主动上前扶起，安置客人暂时休息，细心询问客人有无摔伤，情况严重的应马上与医院联系，采取措施，事后检查原因，引以为鉴，并及时汇报，做好登记，以备查询。

五、客人打架闹事

（1）服务员在劝阻客人打架闹事时，要注意方法，态度上要尊敬对方，言语上要用词恰当，自己不要介入到纠纷中去，不要去评判谁是谁非。

（2）一般来说，打架闹事的人多是出于一时的冲动，逞一时之勇，即使是故意、有目的的打架斗殴，只要服务员能及时、恰当地劝阻，一般都会顺利解决。

（3）制止打架斗殴，不但是为餐厅的安全着想，也是为打架的双方着想。如果闹事者就是来捣乱的，服务员更应该保持冷静。

（4）如果打架闹事者根本不听劝告，继续斗殴，情况比较严重的，餐厅应马上报警，请警察采取适当措施，以维持餐厅的秩序。

六、突然停电的处理

开餐期间如果遇到突然停电，服务人员要保持镇静，首先设法稳定住客人的情绪，请客人不必惊慌，然后立即开启应急灯，或者为客人点燃备用蜡烛，并说服客人不要离开自己的座位，继续进餐。

案例

傍晚，某餐厅正在举办寿宴。天色渐渐地暗了下来，寿宴正进行得热烈而隆重。

突然，餐厅里漆黑一片，停电了。短暂的沉寂之后，迎来了此起彼伏的喊声："服务员，怎么停电了？""服务员，赶紧去看看!""服务员，什么时候来电？"……

领班小刘反应迅速，立刻冲到库房抓了两包红蜡烛飞奔回餐厅，并立即安排12名服务员站成两排，点燃蜡烛，整齐地排好，走到餐厅。同时他手持扩音器，说道："尊敬的宾客，幸福的寿星!今晚，我们餐厅特别策划送上别致、独特的烛光晚宴，祝寿星及来宾在此吃得开心!"霎时间，掌声雷动，整个餐厅充满了温馨浪漫的气氛。客人们非常高兴，赞不绝口。

服务员逐个把蜡烛放到烛台上，然后送到大厅的各个区域。宴会继续进行，气氛依然热烈。

停电后，餐厅管理人员应马上与有关部门取得联系，搞清楚断电的原因，如果是餐厅的供电设备出现了问题，就要立即派人检查、修理，在尽可能短的时间内恢复供电。如果是地区停电，或是其他一时不能解决的问题，则应采取相应的对策。服务员对正在餐厅用餐的客人继续提供服务，并向客人表示歉意，同时暂不接待新来的客人。

平时，餐厅里的备用蜡烛应该放在固定的位置，方便取用。如备有应急灯，应该在平时定期检查插头、开关、灯泡是否能正常工作。

第五节 结账时的完美服务

一、发现客人逐个离场时，须提高警惕

当餐厅服务员发现客人逐个离场时，要高度重视，并做好以下工作。

（1）当需要服务其他客人时，服务员应及时向领班报告，请求领班抽调人手，派专人盯着该桌客人。

（2）如果这时客人提出要上洗手间，要派同性的服务员护送、跟随，如果客人提出要到餐厅外接电话，则请客人先结账再出去。

（3）负责服务的餐厅人员和负责迎宾的服务员要注意客人的言行，发现可疑情况立刻报告，并安排专人跟踪，直至客人结账。

（4）不要轻易相信客人留下的东西，如果客人有心跑单，会故意将不值钱的包像宝贝一样的抱住，目的就是吸引服务员的注意，然后将包放在显眼的位置，让服务员以为他还会回来取，从而为他赢得足够的时间。

案例

某餐厅来了一群穿着气派的人，其中一人手里紧紧抱着一个手提包，给人一副包里的东西非常贵重、需要小心保管的样子。这些人在包间一坐下，就急着点店里高档的菜品、酒水，豪气得令服务人员个个以为来了一群腰缠万贯的大老板，所以服务极为周到、热情。楼面经理还逐位送上了自己的名片和贵宾卡，希望这些阔绰的大老板们下次多带点生意过来。

等到酒菜上齐，豪客们也酒足饭饱后，一个眼神，这些人就开始陆续离开。有的人先行告退，有的人去洗手间，有的人借口餐厅内信号不好，跑到外面打电话，有的人说要到外面私下商谈点事情，一起走了，最后剩下的那个人

趁服务员不注意，把那只包留在了显眼的位置上，并将烟、打火机也留在桌上，造成去洗手间的假象，随后也跑了。当服务员进来后发现人都不在但那只大包还在时，也相信客人去洗手间了，因为那么贵重的东西还在嘛。

等到餐厅都要结束营业了，那些豪客们还没有回去，服务员才开始着急，向楼面主管和经理报告。当大家小心翼翼地打开那只包时，发现原来这个"贵重"的包只是用人造革做的，里面塞满了破布和旧报纸。

二、客人没有付账即离开

一旦发生客人没有付账就离开餐厅的情况，服务员要注意处理技巧，既不能使餐厅蒙受损失，又不能因让客人丢面子而得罪了客人，影响餐厅的名声和效益。

出现客人不结账就离开餐厅的情况时，服务员可按下面两个方法去做。

（1）马上追上客人，并小声说明情况，请客人补付餐费。

（2）如客人与朋友在一起，应请客人站到一边，再说明情况。

注意，在追要餐费的过程中，服务员要注意礼貌，切忌粗声粗气地质问客人，否则可能会引发客人反感，因而不愿承认事实，给结账工作带来更大的麻烦。

三、不能直接将金额大声说出来

服务员将账单用专用夹夹好送到客人面前时，如果有多位客人，应轻声问："请问由哪位付账呢？"然后将账单拿到付账人身边展开，用右手食指指着结账单上的金额告诉客人："多谢惠顾，您只需付这个数目就好了。"

不直接将金额大声说出来，是因为有些客人并不愿意让其他客人知道这顿饭的实际费用。特别是一些拿到结账单后不急于付钱，并将单子收起来的客人，更是如此。这时，服务员不必着急，通常这类客人会自行到收银台去结账。

案例

某日，于女士请几位多年未见的老朋友在某餐厅吃饭。聚餐结束后，于女士示意服务员结账。随后服务员走到于女士身旁递上账单并响亮地说："几位一共消费了360元。"

如果是在单独就餐或和家人用餐的情况下，于女士对服务员的这句话是能够接受的，但在老朋友面前实在感到非常没面子。当时她顾不上那么多，便当着老朋友的面对服务员说："你不要大声嚷嚷好不好!"

"我们要求结账时要唱收唱付。"服务员竟理直气壮地"回敬"了于女士。于女士更加生气了，结过账后找到楼面经理说："这样的餐厅我再也不想来了。"

一次，某公司需要宴请几位客商吃饭，秘书杜小姐、她的老板及客户老胡一起陪同客人到一家高级餐厅就餐。她的老板是个美食家，又是这里的常客，无须服务员介绍，他很快就点好了一桌丰盛的菜点和酒水。

席间，服务员态度热情，餐厅的菜品又好，加上老板的频频劝酒，客人们都非常尽兴，一笔为数不小的生意马上确定下来，并当即决定下午回公司起草合作协议，第二天早上便签约。

"小姐，麻烦帮我们埋单吧。"秘书杜小姐走出房间，对站在门外的服务员说，并把优惠卡交给服务员。不一会儿，餐厅经理就拿着结账单进来了。"各位先生、小姐都吃好了吗?"餐厅经理笑着跟大家打招呼。"好了，好了。"客人高兴地回答。秘书杜小姐负责结账，便招手让餐厅经理过来。"小姐你好，请付这个数。"餐厅经理用手指着账单说道，顺便把优惠卡还给杜小姐。杜小姐快速地查看了一下账单，大致无误后，按账单上的金额刷卡结账，并提醒餐厅经理开发票。

这时，老胡突然问杜小姐："这顿饭要多少钱啊?"杜小姐一下不知怎么回答才好，看看老板，他的脸色也沉了下来，气氛一下子沉重和尴尬起来。餐厅经理一见这样，马上巧妙地将话题引开："先生，我是这家餐厅的餐厅经理××。这是我的名片，请您多指教。"一边说一边向老胡奉上名片，然后针对服务和菜品向客人作了一些咨询，直到气氛又回转过来，她才礼貌地出去。等餐厅经理把杜小姐的卡和发票拿来时，杜小姐连忙向她表示感谢，她也对杜小姐会心地说："不用客气，这是我应该做的。"

四、客人实行AA制时，应分清账单

越来越多的客人接受吃饭AA制，对此，餐厅的服务员应该有所准备，为客人提供有效的服务。

一般的AA制，餐后先由一人结账，再人均平摊所需费用。这种AA制通常由客人私下解决，对餐厅的服务工作并无什么特别要求，但对于各点各的餐、各结各的账的客人，服务员要多留几个心眼，须注意以下要点。

（1）首先从主宾或女宾开始，按顺时针方向逐位服务，每写好一份菜单，要注意记录客人的姓氏、性别、特征、座位标志等。

（2）将菜单交给负责上菜的服务员和厨房、收银台。

（3）客人需要添加食物或酒水的，应在其账单上做好相应的记录。

（4）结账时最好由点菜的服务员负责，以减少出错的可能。

五、服务员给包间客人结账时要谨慎，不能出错

在为包间客人结账时，包间服务员一定要亲自陪同客人前往收银台，或由包间服务员代为客人结账，否则很容易出现错误，给餐厅带来损失。

案例

又是一个周末，某餐厅的包厢座无虚席。到了晚上九点多，很多的包厢客人都用完餐要结账了。这时，七八个客人来到收银处埋单（当时没有包厢的服务员陪同在旁边），并说自己是116包厢的客人。收银员收款时也没有做任何核对，就打印出116包厢的点菜单和账单让客人签字，收了款（现金结算），当时这个包厢的费用是500多元。

过了半个小时左右，另外一批客人过来结账了。收银员问他们是几号包厢的，客人说是116包厢，陪在一边的服务员也证实这批客人是116包厢的，通过核对账单及订餐人的姓名、电话，证明现在这批客人才是在116包厢用餐的，结完账（同样也是现金结算）后客人就离开了。

后来，通过核查，发现第一次来结116包厢账的那批客人实际上是在118包厢用餐的，该包厢的实际费用是900多元。由于餐厅相关工作人员的疏忽，餐厅少收了400多元的餐费，餐厅经理得知此事后做出了这样的处理：在追不回400多元餐费的情况下，由118包厢的服务员及当值的收银员共同赔付。

第七章

餐厅服务常用英语

☞ 服务人员要学会使用餐厅常用英语，以便更好地为来自不同国家和地区的客人服务。

第一节 餐厅日常英语

一、欢迎问候语

作为餐厅员工，要经常对客人表示欢迎问候。因此，如果餐厅员工能掌握英语中常见的欢迎、问候语，能与外籍客人熟练地对话，就可以消除客人的陌生感，让客人感到宾至如归。

1. How do you do?

你好!

2. Good morning/afternoon/evening!

早上（下午/晚上）好!

3. How are you（doing）?

你好吗?

4. Welcome, sir（madam）.

欢迎光临，先生（女士）。

5. come in, Please. Welcome to our restaurant.

请进，欢迎光临我们餐厅。

6. We're glad to have you here.

我们很高兴你来到这儿。

7. Nice to meet you, sir.

见到你真高兴，先生。

8. Nice to meet/see you!

很高兴见到你!

9. It's good to see you again, sir（madam）.

再次见到你真高兴，先生（女士）。

10. I hope you'll enjoy yourself here.

希望你在这里度过美好时光。

二、感谢应答语

在为客人服务的过程中，客人会表示感谢，此时，餐厅员工要及时对客人的感谢作出回应。因此，餐厅员工要学会常用的感谢应答语。

1．Thank you very much.

非常感谢。

2．Not at all．/You are welcome.

不用谢。

3．That's all right.

没关系。

4．Oh, you flatter me.

哦，你过奖了。

5．I'm glad to serve you.

非常高兴为你服务。

6．It's my pleasure.

这是我的荣幸。

7．Thanks for the trouble.

麻烦你了。

8．It's very kind of you.

你真是太好了！

9．No，thanks.

不用了，谢谢！

10．Thank you for telling us about it.

谢谢你告诉我们。

11．Thank you for your advice.

感谢你的忠告。

12．Don't mention it.

不用谢。

13．I'm at your service.

乐意为你效劳。

三、征询语

餐厅员工应主动为客人提供各种服务，让客人感觉到餐厅的周到、细致、体贴，因而对餐厅有更好的印象，对餐厅的服务也更加满意。

1. Would you like to leave a message?

你需要留口信吗？

2. I beg your pardon?

你能再说一遍吗？

3. What do you think of our service?

你觉得我们的服务怎么样？

4. What can I do for you?

有什么可以为你效劳的吗？

5. How many people, please?

请问一共几位？

四、致歉语

餐厅员工时常与客人打交道，难免会打扰客人或给他们带来不便，有时还要处理客人投诉，所以需要经常说致歉语。致歉语不一定是餐厅员工理亏的表现，而是要让客人感到餐厅员工是真诚地为他们服务，从心理上感到被尊重与被重视。

1. Pardon me for interrupting.

对不起，打扰你们了。

2. Please excuse me for coming so late.

请原谅，我来迟了。

3. I'm sorry I was so careless.

很抱歉，我太粗心了。

4. Will you please speak more slowly?

请你讲得慢一些，行吗？

5. Sorry, I still don't understand what you said.

对不起，我没有听懂你讲的。

6. I'm sorry, sir（madam）.

对不起，先生（女士）。

7. Excuse me for interrupting.

不好意思，打扰了。

8. I'm sorry to trouble you.

对不起，打扰你了。

9. I'm sorry to have kept you waiting.

对不起，让你久等了。

10. I'm so sorry, please wait a few minutes.

真抱歉，请再等几分钟。

11. I hope you'll forgive me.

我希望你能原谅我。

12. I'm awfully sorry.

我感到十分抱歉。

13. I'm very sorry, There could have been a mistake. I do apologize.

非常抱歉，这儿肯定是出错了。真的对不起。

14. Sorry, I'll let you know when I make sure of it.

对不起，等我弄清楚了马上向你解释。

15. I'm sorry, we have run out of ...

很抱歉，我们把……都用完了。

16. I'm sorry to bump into you.

对不起，撞着你了。

17. I'm afraid I've taken up too much of your time.

耽误你那么多时间真不好意思。

18. I'm sorry to have given you so much trouble.

很抱歉给你添了那么多麻烦。

19. I apologize for this.

我为此事道歉。

20. I'm afraid it's against the restaurant's regulations.

对不起，这不符合餐厅的规定。

21. I'm sure you it won't happen again.

我保证此事绝不会再次发生。

22. I'll look into the matter.

我会调查一下。

23. It won't be too long, sir.

时间不会太长的，先生。

五、提醒语

轻轻的一声提醒，会让客人感觉到餐厅员工真挚的服务。采用提醒语的方式，也更容易让客人欣然接受，因为这不是一种强制性遵守的感觉。

1．Mind your step.

请走好。

2．After you.

你先请。

3．Please don't leave anything behind.

请带好你的随身物品。

4．Please don't smoke here.

这里不允许吸烟。

5．Here you are.

给你。

6．Be care of the ceiling, sir.

小心头顶，先生。

六、祝愿语

每个人都喜欢被别人祝福，当客人离店或逢节日时，餐厅员工送上一句祝福，会让客人感到温暖、幸福，当然对餐厅也会有更好的印象。因此，作为一名餐厅员工，无论你每天接触多少客人，都请记住，不要吝啬你的祝福。

1．Welcome to come here again, Goodbye.

欢迎你下次再来，再见。

2．Have a good time！

祝你们玩得愉快！

3．Have a nice（good）day！

祝你今天过得愉快！

4．Happy Birthday！

生日快乐！

5．Merry Christmas！

圣诞快乐！

6．May you succeed！

祝你成功！

7．Goodbye and good luck.

再见，祝你好运。

8．Hope to see you again.

希望再次见到你。

9．We all look forward to serving you again.

我们期待能再次服务你。

10．Mind/（Watch）your step.

请走好。

11．Glad to be of service，please feel free to contact us anytime.

很高兴能为你服务，有需要请随时联系我们。

12．Thank you！Welcome to come back again.

谢谢！欢迎再来。

七、方向表达用语

餐厅员工有时会遇到问路的客人，或者是要为客人领路，因此要学会英语中常用的方向表达用语，才能更好地与客人沟通。

1．How can I get to the ...?

去×××怎么走？

2．Go upstairs/downstairs.

上/下楼。

3．It's on the second floor.

在二楼。

4．This way, please.

请这边走。

5．Turn left /right.

左/右转。

6．It will be on your right side.

在你的右手边。

第二节 餐厅预订用语

注：以下对话中——W：Waiter   G：Guest

一、预订情景对话

W：Good morning. May I help you?

上午好。我能帮到你什么?

G：Yes，I'd like to reserve a table for tonight.

我想今晚在这里订张桌子。

W：Certainly sir. For how many persons?

当然可以了，先生。请问要订多少人的桌子呢?

G：Six.

六个人。

W：At what time would you like it?

请问什么时候光临呢?

G：6:30 tonight.

今晚6:30。

W：Yes，sir. May I have your name and telephone number?

好的，先生。能告诉我你的姓名和电话吗?

G：It's Tom and my number is ...

汤姆，我的电话是……。

W：Thank you very much Mr. Tom. A table for 6 at 6:30 tonight. Is that right?

非常感谢，汤姆先生。今晚6:30一张六人桌,对吗?

G：Yes，thank you.

是的，谢谢。

W：We will hold the table for 15 minutes. And we look forward to seeing you!

我们为你保留桌子15分钟。非常期盼你的光临!

二、预订已满情形

W：Good evening. Italian restaurant. May I help you?

晚上好，意大利餐厅，请问能帮到你什么？

G：Yes, I'd like to reserve 2 tables at 8:00 tonight.

我想订两张桌子，今晚8:00。

W：I'm sorry, sir, there aren't any table left for 8:00 tonight. But we can book one for you at 9:00.

不好意思，先生。今晚8:00的桌子全部预订完了，但我们9:00会有位子。

G：No, that's too late.

不好，那太晚了。

W：I'm terribly sorry, sir.

实在很抱歉，先生。

G：How about tomorrow evening?

明晚呢？

W：We are fully booked for tomorrow evening, and I can't guarantee anything, but we'll try our best. I hope you'll understand.

明晚的桌子也预订完了，我们不能保证，但会尽力而为。希望你能谅解。

G：I do, but I would appreciate it if you could arrange it.

我明白，但如果你们能帮忙安排位子我会很感激的。

W：May I have your name and telephone number?

请问你的大名和电话？

G：David ...Thank you. Bye.

大卫……谢谢，再见。

第三节　引客入座用语

注：以下对话中——W：Waiter　G：Guest

一、已预订

W：Good evening, sir.

晚上好，先生。

G：My name is Tom. I've booked a table for 7:00.

我是汤姆，我订了7:00的桌子。

W：That's right, Mr. Smith, a table for 4. Would you come this way, please? Be careful of the steps. would you like to sit here?

是的，汤姆先生，一张4人桌。这边请，小心台阶。坐这里怎么样？

G：It's fine, thank you.

好的，谢谢。

W：You're welcome. Please take a seat. Here is the menu, sir.

不客气。请坐。这是菜单，先生。

二、未预订

W：Do you have a reservation, sir?

请问你订位了吗？先生？

G：No, I am afraid we don't.

没有。

W：I'm sorry. The restaurant is full now. You have to wait for about half an hour. Would you care to have a drink at the lounge until a table is available?

很抱歉，餐厅已经满座了。大约要等30分钟才会有空桌。你们介意在休息室喝点东西直至有空桌吗？

G：No, thanks. We'll come back later. May I reserve a table for 2?

不用了，谢谢。我们等一会儿再来。请替我们预订一张两人桌，可以吗？

W：Yes, of course. May I have your name, sir?

当然可以。请问先生贵姓？

G：Bruce. By the way, can we have a table by the window?

布鲁斯。顺便问一下，我们可以要一张靠近窗口的桌子吗？

W：We'll try to arrange it but I can't guarantee, sir.

我们会尽量安排，但不能保证，先生。

G：That's fine.

我们明白了。

（*Half an hour later , the couple comes back .* □

（半小时后，布鲁斯夫妇回来了。）

W：Your table is ready. Please step this way.

你们的桌子已经准备好了。请往这边走。

第四节　点菜服务用语

注：以下对话中——W：Waiter　G：Guest

一、中餐点菜

G：Hi, waiter, I want to order some food.

嗨，服务员，点餐。

W：What would you like?

您想要些什么？

G：Kung Pow chicken, Yuxiang shredded pork and tomatoes fried with egg.

宫保鸡丁，鱼香肉丝还有西红柿炒鸡蛋。

W：Something to drink?

要点儿什么酒水饮料吗？

G：Yes, two bottles of Qingdao beer, no MSG and only a little spicy, please.

嗯，来两瓶青岛啤酒。菜里不要放味精，少放辣椒。

W：No problem, sir.

好的，先生。

二、西餐点菜

W：Excuse me，sir，are you ready to order?

打扰了先生，现在能为你点餐了吗？

G：May I have a look at the menu first?

我想先看看菜单。

W：Sure，please take your time．I'll be back to take your order.

好，请慢慢看。我回头为你点餐。

G：Waiter，I'd like The Mixed Fried Rice.

服务员，来一份铁板烧炒饭。

W：Ok，would you like anything else?

好的，请问还要点别的吗?

G：And Sweet a seasonal salad.

一份四季沙拉。

W：Which dressing would you like to go with your salad? We have Italian dressing, Orange dressing and thousand-island dressing. Would you like some soup?

请问你要什么沙拉酱呢? 我们有意大利汁、柳橙汁和千岛汁。要来点什么汤吗?

G：Yes，and what kind of soup do you serve?

好的，你们有什么汤?

W：We have oxtail soup，onion soup，corn soup，and seafood soup.

我们有牛尾汤、洋葱汤、玉米汤和海鲜汤。

G：Oxtail Soup sounds good，get me one please.

牛尾汤听起来不错，来一份。

W：Thank you．So you have ordered...Would you like some drink?

谢谢。你点了……要不要来点饮料呢?

G：No，thanks.

不用了，谢谢。

W：Thank you very much，your meal will be sent to you in 15 minutes.

非常感谢，你点的菜15分钟内做好。

G：Thank you.

谢谢。

三、咖啡厅

W：Good morning，sir．A table for two?

早上好，先生。两人的一张台吗?

G：That's right.

没错。

W：I'll show you to your table. This way please.

我来给你带位。请这边走。

Please take a seat，sir and madam.

请坐，先生和夫人。

G：Thank you.

谢谢你。

W：Here is the menu. We have both buffet-style and a la carte dishes. Which would you prefer?

这是菜单。我们有自助和点菜两种方式。你喜欢哪一种?

G：We'd like to have a buffet breakfast.

我们想要一个自助早餐。

W：The buffet is over there. Please help yourself.

自助餐在那边。请自便。

G：Thank you very much.

非常感谢你。

W：With pleasure.

很荣幸为你服务。

四、酒吧

W：Good evening，sir. What can I get you?

晚上好，先生。有什么我可以帮你吗?

G：A pint of beer，please.

麻烦你给我一品脱的啤酒。

W：We have two kinds of beer. The medium-strength beer and the export beer.

我们有两种啤酒。中度啤酒和出口啤酒。

G：Which is better?

哪个更好?

W：Well，the export beer is stronger. We have both bottled and draught beer.

嗯，出口啤酒比较烈。我们有瓶装啤酒和生啤酒。

G：Ok. I'll have a glass of the stronger one，please.

好的。请给我一杯烈酒。

W：May I put it to your hotel bill?

我可以把账记在你酒店的房账里吗？

G：Sure，please.

当然可以。

W：Can I have your room card，please，sir?

我能看看你的房卡吗，先生？

G：Oh，yes．Here you are.

哦，是的。给你。

五、早餐点菜

W：What can I do for you，sir?

先生，你要来点什么？

G：What have you got this morning?

今天早上你们这儿有什么？

W：Fruit juice，cakes and refreshments，and everything.

水果汁、糕点、各种茶点等，应有尽有。

G：I'd like to have a glass of tomato juice，please.

请给我来一杯西红柿汁。

W：Any cereal，sir?

要来点谷类食品吗，先生？

G：Yes，a dish of cream of wheat.

好的，来一份麦片粥。

W：And eggs?

还要来点鸡蛋吗？

G：Yeah，bacon and eggs with buttered toast．I like my bacon very crisp.

要，再来一份熏猪肉和鸡蛋奶油吐司，我喜欢熏猪肉松脆一点。

W：How do you want your eggs?

你喜欢鸡蛋怎么做？

G：Fried，please.

煎的。

W：Anything more，sir?

还要什么别的东西吗，先生？

G：No，that's enough．Thank you．

不要了，足够了。谢谢。

第五节　餐厅结账服务用语

注：以下对话中——W：Waiter　G：Guest

一、现金付账

G：Waiter，the bill，please．

服务员，结账。

W：Yes，sir．Here is your check，sir，thank you．

好的，先生。这是你的账单，先生，谢谢。

G：Here you are．

给你（现金）。

W：200 yuan．Please wait a minute．I'll be back with your changes and receipt．Here is your changes and receipt，thank you．Good night，hope to see you again．

收你200元。请稍等，一会给你找零和收据。这是你的找零和收据，谢谢你。晚安，希望再次见到你。

二、刷卡付账

G：Check the bill，please．

结账。

W：Here is your check，sir．

这是你的账单，先生。

G：Well，may I use my credit card?

那我能用信用卡结账吗？

W：Sure．What kind of card do you have，sir?

当然可以．请问先生是什么卡呢？

G：×××credit card．Here you are．

×××信用卡。给你。

W：Thank you，I'll return your card and receipt in a few minutes.

谢谢，请稍等，我几分钟后将卡还给你。

G：OK.

可以。

W：Will you please sign on the bill，sir?

先生，请在账单上签字。

G：Thank you．Bye-bye．Have a nice day.

谢谢。再见，祝你愉快。

参 考 文 献

[1] 滕宝红.中餐服务员岗位作业手册.北京:人民邮电出版社.2008.

[2] 滕宝红.宴会服务员岗位作业手册.北京:人民邮电出版社.2008.

[3] 滕宝红.点菜员岗位作业手册.北京:人民邮电出版社.2008.

[4] 滕宝红.西餐服务员岗位作业手册.北京:人民邮电出版社.2008.

[5] 滕宝红.预订员岗位作业手册.北京:人民邮电出版社.2008.

[6]《星级酒店服务培训指南》丛书编委会.星级酒店餐饮服务员培训.北京:中国时代经济出版社.2006.

[7] 尹刚.优秀餐饮服务员工作技能手册.北京:中国时代经济出版社.2007.